全国高职高专汽车类“工学结合-双证制”人才培养“十三五”规划教材

汽车维护与保养

主　编　毛　峰　秦挽星
副主编　曾　虎
参　编　黄政杰　魏芳玺　李秋艳　汪明祥

华中科技大学出版社
中国·武汉

内 容 简 介

本书主要内容包括汽车维护与保养准备工作、汽车发动机的维护与保养、汽车底盘的维护与保养、汽车电器的维护与保养、汽车车身的维护与保养、丰田卡罗拉轿车 40000 km 维护与保养等 6 个项目。

本书以项目为载体，以丰田及大众汽车的维护与保养为案例，以 21 个典型工作任务组织现场教学，将理论知识与岗位工艺标准融于工作任务之中，既实现了在实践中学习理论知识，又突出了对学生岗位技能的培养。

本书可作为高等职业院校汽车检测与维修专业教学用书，同时也可以作为汽车维修企业人员的培训教材。

图书在版编目（CIP）数据

汽车维护与保养/毛峰，秦挽星主编．--武汉：华中科技大学出版社，2017.8

高职高专汽车类“工学结合-双证制”人才培养“十三五”规划教材

ISBN 978-7-5680-2958-2

Ⅰ．①汽…　Ⅱ．①毛…　②秦…　Ⅲ．①汽车-车辆修理-高等职业教育-教材　②汽车-车辆保养-高等职业教育-教材　Ⅳ．①U472

中国版本图书馆CIP数据核字（2017）第124458号

汽车维护与保养　　　　毛　峰　秦挽星　主编

Qiche Weihu yu Baoyang

策划编辑：王　剑

责任编辑：吴　晗

封面设计：杨玉凡

责任校对：曾　婷

责任监印：周治超

出版发行：华中科技大学出版社（中国・武汉）　　电话：（027）81321913

武汉市东湖新技术开发区华工科技园　　邮编：430223

录　　排：武汉未来伙伴科技有限公司

印　　刷：武汉华工鑫宏印务有限公司

开　　本：787mm×1092mm　1/16

印　　张：11.5

字　　数：278千字

版　　次：2017年8月第1版第1次印刷

定　　价：42.80 元

目　录

项目1　汽车维护与保养准备工作

【项目导读】

❖ 知识目标

（1）掌握车辆维护与保养生产现场的安全隐患知识及预防方法。

（2）掌握进厂做维护与保养车辆的接待流程及停放规范。

❖ 能力目标

（1）能正确识别车辆维护与保养生产现场存在的安全隐患及能有效地排除安全隐患。

（2）能正确接待进厂做维修保养的车辆。

（3）能正确运用5S方法进行汽车保养与维修现场管理。

（4）能正确操作并维护举升机。

任务1　生产现场安全隐患识别

【任务导入】

汽车维修企业的生产现场工作环境复杂，涉及待修车辆、零部件、工具、仪器、动力电源、高压气源等设备，同时维修保养工艺复杂，需要接触到易燃易爆、高温高压、有腐蚀性的物质，因此，在进行车辆维护与保养之前，要学会识别生产现场安全隐患。

【相关知识】

安全生产是现代社会一个永恒的主题，能否实现安全生产关系到员工和企业的生命财产安全。努力实现安全生产，保护劳动者在生产过程中的安全与健康，促进企业生产的顺利进行，这是企业的法定职责，也是企业主要负责人必须履行的职责和任务。

谈到安全，人们就会想到隐患；谈到隐患，人们就会想起事故。生产经营过程中有了隐患，就可能发生事故。

一、事故

事故是由意外事件引起的危险和紧急的状态，它具有意外性，即不确定性。有些事故在各种生产和社会活动过程中是可以避免的，但由于事故具有突发性、偶然性，所以事故难以完全避免或根本杜绝。

造成生产事故的原因有人的因素、物的因素及人与物的综合因素。

1. 人的因素

人的因素造成的事故案例如图1-1所示。人的因素主要表现为以下几点：

①违规操作；

②违章指挥；

③违反劳动纪律。

2．物的因素

物的因素是指机械设备、工具有缺陷或生产场地环境条件差。物的因素造成的事故案例如图 1-2 所示。

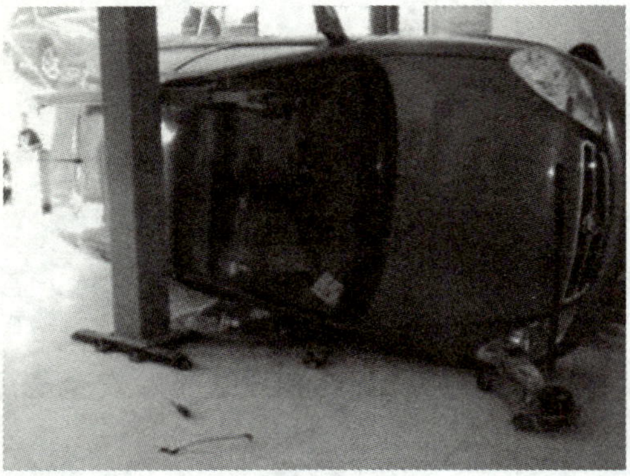

图 1-1　人的因素造成的事故案例

图 1-2　举升机的因素造成的事故案例

3．人与物的综合因素

有些事故是由上述两种因素综合在一起造成的。

二、事故隐患

事故隐患是指作业场所、设备及设施的不安全状态、人的不安全行为和管理上的缺陷。事故隐患是引发安全事故的直接原因。如图 1-3 所示为车辆由于存在漏油的故障隐患而发生了燃烧事故。

事故隐患分为一般事故隐患和重大事故隐患。

一般事故隐患：是指危害和整改难度较小，不需要停产，发现后能够立即整改排除的隐患。

重大事故隐患：是指危害和整改难度较大，应当全部或者部分停产，经过一定时间整改治理方能排除的隐患。

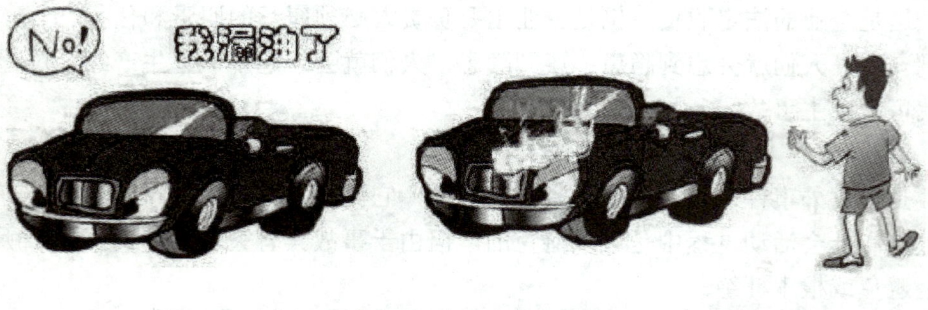

图 1-3　车辆由于存在漏油的故障隐患而发生了燃烧事故

三、安全生产

安全生产就是要防止在日常的生产劳动中出现事故，以保护职工的人身安全，保证仪器、设备及其他财产免受损失，保证企业生产过程的正常进行。

四、安全生产管理

安全生产管理是指管理者为实现安全生产而进行的计划、组织、指挥、协调和控制等一系列活动。安全生产管理的主要内容包括四个方面：

①贯彻实施安全生产的法律法规；

②采取各项安全生产的技术和防范措施；

③建立和完善各项安全生产管理的规章制度；

④强化安全培训和教育，提高全体员工的安全素质。

五、现代安全生产管理方法

我国提出了“安全第一、预防为主、综合治理”的安全生产方针，为实现这一安全生产方针，就要采用现代安全生产管理方法。

现代安全生产管理方法具体来说就是在设计、施工、运行、管理等生产过程中对可能发生事故的危险性进行分析，并且根据对危险性评价的结果，提出和采取相应的安全防范措施，以减少和避免事故的发生，最终达到有效控制和减少各类事故的目的。

影响安全生产事故发生的主要因素有生产场地与设备的条件、生产场地的环境因素、人的因素及管理的因素。实现安全生产管理要从以下几方面入手：

①加强生产场地与生产设备的建设，使其达到安全生产条件；

②加强对人的安全培训教育；

③规范人的操作行为，实现操作方式标准化；

④安全管理科学化；

⑤实施对危险源的辨识、评价和控制管理。

六、危险源的管理

危险源是指可能导致事故发生的潜在的不安全因素，在一定的触发因素作用下可转化为事故。危险源不能彻底消除，但危险源可以控制。危险源与事故隐患是有区别的，事故隐患是指在生产过程中存在的明显缺陷和毛病。

危险源引发事故的三个构成要素：潜在的危险性、存在的条件及触发因素。

1. 危险源的分类

危险源分为第一类危险源与第二类危险源。

1）第一类危险源

第一类危险源是指系统中存在的可能意外释放的能量或危险物质。这类危险源是可以看得到的真实物体。如电源、操作中的举升机、运行中的发动机、车间内移动的车辆、高压气泵、汽油、机油、充电中的蓄电池、氧气瓶等。图1-4所示为高压气泵，图1-5所示为烤漆房，图1-6所示为调漆房，这些都是第一类危险源。

图1-4　高压气泵

2）第二类危险源

第二类危险源是指导致能量或危险物质的约束失效的各种不安全因素。这类危险源是

图 1-5 烤漆房

图 1-6 调漆房

真实物体以外的所有不安全因素，包括人、物及环境三个方面的因素。人的因素表现为人的不安全行为，如违反安全操作规程、违章指挥及违反劳动纪律等；物的因素表现为设备的状态明显不符合安全要求，如设备缺少安全保护装置、由于密封不可靠而漏油、由于绝缘不好而漏电等；环境因素表现为物理环境不符合安全生产要求，如生产现场通风条件、照明条件及温度等不符合安全生产要求。

2. 危险源的辨识

危险源在没有被触发前往往是潜在的，不易被认识和重视，需要通过一定的方法进行辨识。应通过对系统的分析，界定危险源的区域、危险性质、危险程度及触发因素，为有效控制事故做出科学决策提供科学的依据。

危险源存在条件包括储存条件、状态参数、设备技术状况、防护措施、操作条件及管理条件。危险源的触发因素包括人为因素和自然因素。

3. 重大危险源

重大危险源是指生产、加工、使用或储存危险化学品，且危险化学品的数量等于或超过临界量的单元。这里的“单元”指生产设备或场地。

危险化学品指具有易燃、易爆、有毒、有害等性质，会对人员、设施、环境造成伤害或损害的化学品。

危险化学品分为：爆炸品、压缩气体和液化气体、易燃气体、易燃固体、自燃物品和遇湿易燃物品、氧化剂和有机过氧化剂、有毒品、腐蚀品等。

4. 危险源的控制

危险源的控制分三个方面：技术控制、人的行为控制和管理控制。

1）技术控制

技术控制是危险源控制的主要手段，包括工程技术和安全技术。

2）人的行为控制

实现人的行为控制的手段包括加强素质教育，提高安全意识，提高操作的可靠性、准确性，强化规范性。

3）管理控制

管理控制的措施包括建立危险源管理的规章制度、定期检查、及时整改隐患。

七、汽车维修企业生产安全管理

1. 安全教育与安全生产责任制

（1）开展安全教育活动。为了保证安全生产，必须开展安全教育活动，包括安全思想教育与安全技术教育，以引导职工遵章守纪、安全文明生产。安全生产是汽车维修企业中每个职工的职责，而遵章守纪应作为汽车维修企业中每个职工的职业纪律。

（2）建立安全生产责任制。在汽车维修企业的各级生产管理中，必须强调生产安全措施的检查和落实。各维修小组的小组长应负责本班组的安全生产管理工作；各生产岗位的安全责任应该由该岗位的责任人（如主修工或主操作人）负责，即生产责任人同时也为安全责任人；企业的生产安全应由主管生产的各级生产行政负责人负责。

（3）严格遵守安全技术操作规程。汽车维修企业要制定和实施各工种、各工序、各机具设备的安全技术操作规程。

2．加强生产现场管理

（1）机器设备一律加装安全防护装置。

（2）维修人员在维修过程中，维修工具、零件及更换下来的旧件要按标准摆放。

（3）不得随意动用承修车辆或擅自将客户车辆开出厂外。

（4）严格遵守安全技术操作规程，严禁野蛮违章操作。

（5）加强低值易耗品、辅料的管理。

（6）上班时间必须佩戴工作证、穿戴劳保用品，并严禁吸烟。

（7）维修人员必须遵守作息制度和劳动纪律，遵守岗位责任制，不得擅离岗位。

（8）在汽车维修竣工后，应及时清理和清扫油污杂物，并按指定位置整齐堆放，以保持现场整洁。此外，还应将设备恢复原状、切断电源等。

如图1-7所示为某一汽车维修企业所制定的现场工位管理制度。

3．车辆管理

生产车间内只能停放在修车辆，且在修车辆的钥匙统一由生产调度人员保管。待修车辆及竣工车辆须移出生产车间放到指定地点停车。对停车场的基本要求是：

①停车场地坚实平整，停车场内应有照明，应有停车标线。

②竣工车辆、待修车辆及外办公车辆应分别摆放，分成三个停车区。

③凡装有易燃易爆物品的车辆应单独停放并应有专人看管。

④停车场内车速不得高于5 km/h，场内不准试车。

⑤汽车维修厂应建立门卫值班制度，门卫应对场内停放车辆负有安全保管的职责，出厂车辆须凭出门证才准放行。

八、劳动保护与安全

车辆维修车间需要用到的劳动防护用品有防护鞋、防护手套、防护服、防护眼镜、防尘口罩、防毒面具及护耳器等。

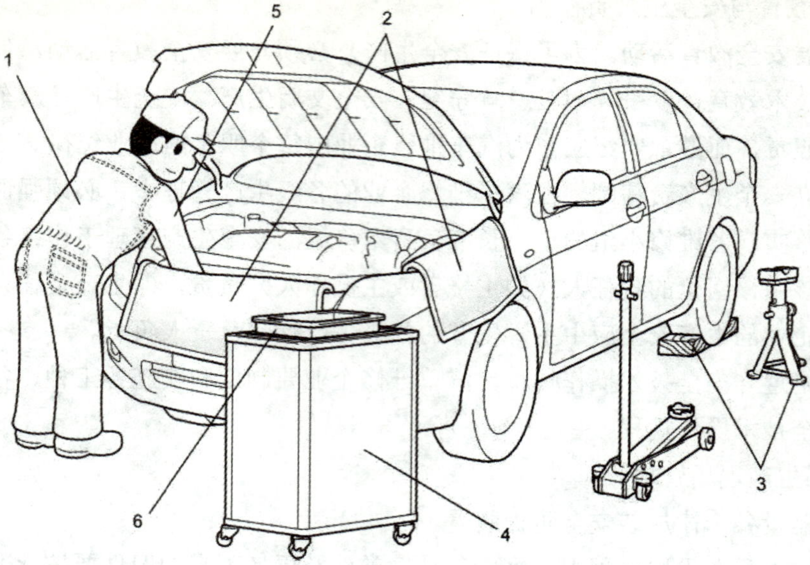

1	着装	• 务必身着清洁的工作服 • 必须戴好帽子，穿好安全鞋
2	车辆保护	在开始操作之前，准备好散热器格栅罩、翼子板保护罩、座椅护面及地板垫
3	安全操作	• 当与两个或两个以上人员一起工作时，务必要相互检查安全情况 • 在发动机运转的情况下进行工作时，要确保修理车间中具备通风装置，以排出废气 • 当维修高温、高压、旋转、移动或振动的零件时，一定要配备适当的安全设备，并且要注意不要碰伤自己或他人 • 顶起车辆时，务必使用安全底座支撑规定部位 • 举升车辆时，使用适当的安全设备
4	准备工具和测量仪表	开始操作前，准备好工具台、SST、仪表、机油和更换零件
5	拆卸和安装、拆解和装配操作	• 在充分了解正确的维修程序和报修故障之后，对故障进行诊断 • 在拆卸零件之前，检查总成的总体状况以确认是否有变形和损坏 • 对于比较复杂的总成，要做记录。例如，记录拆下的电器连接件、螺栓或软管的总数。还要加上装配标记，以确保将各部件重新装配到其原来位置上。需要时，可对软管及其接头做临时标记 • 如有必要，清洗拆下的零件，彻底检查后，再装配这些零件
6	拆下的零件	• 应将拆下的零件放在一个单独的盒子内，以免与新零件混淆或弄脏新零件 • 对于不可重复使用零件（如衬垫、O 形圈和自锁螺母等），要按照要求进行更换 • 如客户有要求，应保留拆下的零件以备客户检查

图 1-7　某汽车维修企业所制定的现场工位管理制度

1．防护鞋

图 1-8（a）所示为防护鞋，在维修车间工作的每位员工都应穿上防护鞋。这些防护鞋配有脚趾保护罩，可防止物体砸伤或刺伤脚部，同时工作鞋的鞋底还具有防汽油和机油腐蚀及防滑等特点。

2．防护手套

图 1-8（b）所示为防护手套，在维修车间工作时使用，可防止手部被撞击、割伤或擦伤，以及被机油等化学品损伤。

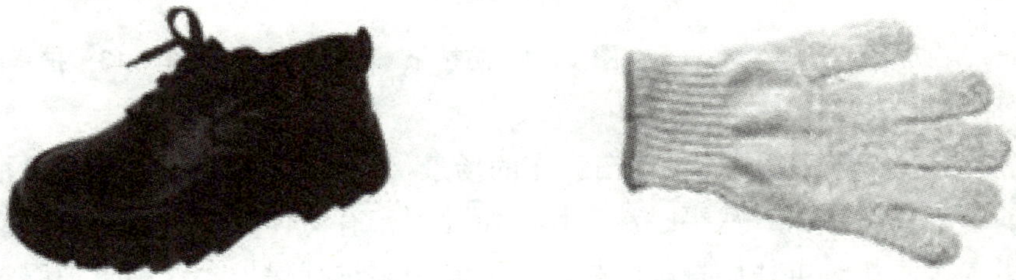

（a）防护鞋　　（b）防护手套

图 1-8　防护鞋与防护手套

3．防护眼镜

图 1-9 所示为防护眼镜，在进行打磨、切割、钻孔、喷漆等工作时必须戴防护眼镜，以防止飞出的碎片及化学品液滴等进入眼睛。

4．防尘口罩

图 1-10 所示为防尘口罩，在进行打磨、切割等工作时必须佩戴防尘口罩，以防止在打磨或切割时产生的粉尘或金属微粒进入呼吸系统。

图 1-9　防护眼镜

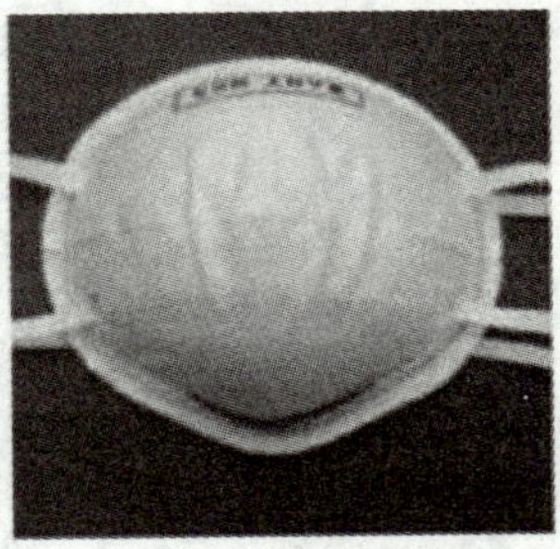

图 1-10　防尘口罩

5．防毒面具

图 1-11 所示为防毒面具，在喷漆工作时必须佩戴防毒面具，以防止有毒的一氧化碳、苯等侵入人体而引起职业性中毒。

6．防护服

图 1-12 所示为防护服，在喷漆工作时必须穿防护服，以防止喷漆过程中产生的漆雾或飞屑贴到皮肤上。

7．护耳器

图 1-13 所示为护耳器，钣金工在切割作业或喷漆工在打磨作业时必须佩戴护耳器，以防止过高的噪声损伤听力。

图 1-11　防毒面具

图 1-12　防护服

图 1-13　护耳器

8．工作服

图 1-14 所示为穿着工作服的员工在工作的场景，所有员工都需穿工作服。根据工作类型配备相应的劳动保护用品。从事喷漆工作时可使用带有一体式头罩的防护服或化学物品防护服；从事焊接工作时可使用特制防护服或皮制围裙进行保护，这种防护服对金属碎屑飞溅物和火焰的防护十分有效，还可针对电弧焊时产生的紫外线进行防护；在进行气焊和气割操作时也必须戴上防护眼镜及带有相应视窗的防护面罩。

9．安全措施

（1）车间运输通道。运输通道地面必须保持洁净，洒落在运输通道地面上的各种油水必须立即清除，运输路线和逃生通道必须保持顺畅。

（2）车间要强制通风。车辆废气中含有无色无味的危害性有毒气体一氧化碳（CO），因此必须将车间在修车辆排出的废气排出到室外。维修车间内必须使用排风装置，如图 1-15 所示。

图 1-14　工作服

图 1-15　维修车间内必须使用排风装置

（3）制动系统和离合器维护。进行制动系统和离合器方面的维护时，不允许用压缩空气“吹扫”制动系统，这会造成大量有害微尘（石棉是一种可能致癌的危险物品）进入空气中，危害附近工作人员的健康。在此应使用制动清洁器。

（4）加装护栏与盖板。对于制动试验台、螺杆、转轴和运动时彼此啮合的部件等危险区域必须进行遮挡，加装护栏与盖板，贴上明显的警示标志。

（5）危险物品。装有危险物品（如汽油、酸液）的容器必须贴上相应的警示标志。

（6）举升机。通过举升机举升车辆时，车辆升起到定位后，应将举升臂放置在安全保险位上；确保在车辆支撑点位置支撑车辆。

（7）蓄电池充电室。蓄电池充电室和正在充电的蓄电池周围禁止出现明火。其原因是，蓄电池充电时会释放出氢气，氢气与空气中的氧气混合后形成的氢氧混合气体，一旦接触到火花就可能发生爆炸。为防止蓄电池充电室内形成这种混合气体，必须保持通风，不允许挡住这些通风口。蓄电池与充电器连接时，不要连接蓄电池的接线柱，连接或断开蓄电池接线之前，必须通过主开关关闭充电器。

（8）焊接和切割工作。焊接和切割工作只能在通风良好的室内或在室外进行。焊接时产生的蒸汽和烟雾会影响焊接工呼吸的空气。进行焊接工作时必须确保通风良好或使用排风装置。在车辆上焊接时应注意以下安全规定：

①清除火花飞溅范围内的易燃物品。

②待焊接的部件及其周围不得有易燃物和清洁剂残留物。

③遮盖燃油箱时避免燃油蒸汽从车辆中溢出。

④柔性塑料管路应套上防火罩。

【任务实施】

一、安全事项

（1）进入汽车实训场地后，应服从安排，未经老师批准，不得随便操作、动用各项设备。

（2）不准赤脚或穿拖鞋、高跟鞋和裙子上课，留长发者要戴工作帽。

（3）地面指挥车辆行驶移位时，不得站在车辆正前方与后方，并注意障碍物。

（4）工作场所、车辆旁、工作台、通道应保持干净、整洁，做到三不落地。

（5）车底有人时，严禁发动车辆。

（6）发动机过热时，不得打开水箱盖，谨防开水烫伤。

（7）挪动电器设备时应切断电源。

（8）严禁用水或湿抹布清洁电器设备。

二、隐患排查

（1）每个学习小组先收集资料，然后认真阅读资料，根据资料分析车辆维修保养车间哪些地方易存在安全隐患，如何消除安全隐患等问题。资料包括教材、设备工具的使用说明、典型工艺操作规程、车间安全制度等相关资料。

（2）每个学习小组通过对相关文件进行学习后，结合车辆维修保养车间的实际情况，参考表1-1所示提示的内容进行现场核查，未尽内容请自己补充。

表1-1　汽车保养维修车间现场安全隐患排查表

检查内容	可能存在的安全隐患	改进措施
机修车间	1. 在车辆维修时是否使用手制动及三角木	
	2. 车辆刚进车间，是否马上针对高温部位作业	
	3. 维修工位、车辆通行、设备放置及废品回收等处是否有明确的地面标线	
	4. 使用举升机或千斤顶时是否按安全操作规程操作	
	5. 清洗喷油嘴或汽缸积炭时，快速接头连接是否可靠	

续表

检查内容	可能存在的安全隐患	改进措施
机修车间	6．工具、设备是否正确使用	
	7．车间内是否禁止明火	
	8．地面上油渍和水渍是否立即擦干	
	9．搬运较重零部件是否使用手推车	
	10．举升机是否有定期保养记录	
	11．车间内是否有限速标识	
	12．拆动燃油管或刹车油管后，是否确认连接可靠	
	13．拆装下来的零件是否按规定摆放	
	14．拆装较大的总成时是否有人统一指挥	
	15．用易燃的有机溶剂清洗零件时是否按规定执行	
	16．维修人员是否穿工作服	
钣喷车间	1．调漆房、喷漆车间和库房是否严禁烟火	
	2．气割时是否穿戴好防护用品，是否严格按照操作规程作业	
	3．蓄电池充电室附近是否进行钣金打磨作业	
	4．喷漆作业时，烤漆房中的鼓风机是否开启	
	5．烧焊、点焊时是否留意周围有油气	
	6．氧气瓶和乙炔瓶是否放置在一起	
	7．砂轮机是否运行平稳，防护装置是否齐全	
	8．焊接时，接地与漏电保护装置是否可靠，是否穿戴防护用品，是否严格按照操作规程作业	
	9．烤漆房是否有定期保养记录	
	10．高压储气容器是否有定期保养记录	
设备工具	1．设备维护是否落实责任制	
	2．用电设备接地是否良好	
	3．作业用照明设备是否有防爆安装	
	4．设备维护记录是否齐全	
	5．设备安全操作规程是否齐全	
	6．气动工具是否在规定压力下工作	
	7．电动工具是否按照要求操作	
	8．工具摆放是否符合要求	
	9．高压气路是否有漏点	
	10．组合配电箱、开关、插座及导线是否有漏电	
防火防中毒	1．车间通风是否正常，尾气抽排系统是否正常	
	2．消防器材是否有定期检查维护记录，消防设备是否齐全	
	3．消防安全通道是否畅通	

三、小组讨论

如何提高安全意识，确保在实训课过程中不发生安全事故？

任务2　汽车保养维修车间现场5S训练

【任务导入】

汽车维修企业的生产现场工作环境复杂，存在动力电源、高压气源等设备，同时维修过程中要接触到易燃易爆、高温高压、腐蚀性的物质等。脏乱的工作场所，非但工作效率低，人员安全没保障，更重要的是无法提供优质的服务。因此，车间地面清洁、窗明几亮，工具物品放置井然有序，标识清晰、看板内容明确、通道畅通无阻，不仅可以提高生产效率与服务质量，而且还可以提高企业的形象，获得客户的信赖。

【相关知识】

安全始于整理、整顿，而终于整理、整顿。整理、整顿、清扫是针对现场管理的一种手段，是实现高质量服务的必要手段。

一、5S管理

5S管理就是从整理（seiri）、整顿（seiton）、清扫（seiso）、清洁（setketsu）、素养（shitsuke）五个方面对生产现场进行管理，简称5S管理。

5S管理起源于日本，通过规范现场、现物，营造清洁舒适安全的工作环境，培养员工良好的工作习惯，其最终目的是提升人的品质，促使员工养成良好的工作习惯。

二、5S管理的内容和目的

1. 整理

1）主要工作内容

（1）将工作场所任何东西区分为有必要的与不必要的；

（2）把必要的东西与不必要的东西严格地区分开来；

（3）不必要的东西要尽快处理掉。

2）目的

（1）增大空间；

（2）防止误用；

（3）创造清爽的工作环境。

生产现场经常有一些残余物料、待修品、返修品、报废品等滞留，既占据了空间又阻碍生产；还有一些无法使用的工具、设备，如果不及时清除，会使现场变得凌乱。生产现场货架、工具箱等被杂物占据使用价值将减少，而且这样会增加寻找工具、零件等物品的困难，浪费时间。工具室零件房物品杂乱无章地摆放，将增加盘点的困难程度。

2. 整顿

1）主要工作内容

（1）将整理之后留在现场的必要物品分区位放置，排列整齐；

（2）明确数量，有效标识。

2）目的

（1）所有物品定位管理；

（2）减少找寻物品的时间；

（3）工作环境整齐，物品一目了然；

（4）提高效率，防止混乱。

3）标准

整顿是提高生产现场工作效率的基础，整顿的效果应该满足以下要求：

（1）任何人都能立即拿到或取出所需要的工具、仪器等物品；

（2）工具、仪器等物品使用后应方便放回原位，没有归还或误放时能立刻发现；

（3）物品摆放的位置应合理。

整顿是在整理工作基础上进行的，因此整理工作一定要做得彻底，一定要将不能用的物品做废弃处理，将很少用的物品放进仓库，将经常用的物品放在工作现场。所以，整理工做得好，整顿工作才能取得效果。

3. 清扫

1）主要工作内容

（1）将工作场所的废弃物及垃圾清扫干净；

（2）清洁仪器、设备、工具及门窗、墙壁等所有的设备；

（3）保持工作场所清洁卫生。

2）目的

（1）美化环境，提高工作效率；

（2）确保现场工作人员心情舒畅、安全卫生；

（3）及早发现设备、仪器故障隐患，提高工作效率。

清扫是每天每时都要不间断进行的工作，要责任化制度化。尤其是保养维修工位的地面上，每时每刻都可能有油、水、灰尘、螺丝钉等掉落，一定要及时予以清理，以避免发生人员滑倒扎伤等事故隐患。

4. 清洁

1）主要工作内容

将实施整理、整顿、清扫管理的生产现场进行不断地清理、清洁。

2）目的

（1）巩固整理、整顿、清扫管理的效果；

（2）为了保持现场管理取得的成果，清洁工作的实施要制度化、规范化。

5. 素养

1）主要工作内容

通过生产例会等手段，提高员工文明礼貌水准，增强团队意识，养成按规定行事的良好工作习惯。

2）目的

提升员工的个人素养。

三、如何实施 5S 管理

1．整理

（1）对自己的工作场所（范围）进行全面检查，包括看得到和看不到的物品的检查；

（2）制定“要”和“不要”的判别基准，将不要物品清除出生产场所做废弃处理，对需要的物品调查使用频度，决定日常用量及放置位置，制定废弃物处理方法。

不能用 ⟶ 废弃处理

不再用 ⟶ 废弃处理

可能用 ⟶ 放仓库

很少用 ⟶ 放仓库

有时用 ⟶ 储物柜

经常用 ⟶ 工作现场

通过整理过程的训练，培养员工正确的价值观：重在使用价值，而不是原购买价格，要有决心，对不必要的物品应果断地加以处置。

2．整顿

（1）科学规划物品放置场所、放置方法及物品标识。

（2）场所原则：易取、易归位。

（3）放置方法：定位、定容、定量。

定位——放在哪里合适；

定容——用什么颜色标识；

定量——放多少合适。

（4）标识方法：放置场所与物品的标识要对应，清晰明了。

（5）地板画线定位。

（6）所有物品摆放整齐、有条不紊。

3．清扫

（1）建立清扫责任区（包括生产区与非生产区）；

（2）建立清扫标准，作为规范；

（3）定期开展生产车间的大清扫，清理脏污，不留死角。

4．清洁

（1）落实前 3S 工作；

（2）制定目视管理的标准；

（3）制定 5S 实施办法；

（4）制定考评、稽核方法；

（5）制定奖惩制度，加强执行。

5．素养

（1）全体员工要统一穿工作装。

（2）严格遵守生产车间的各项规章制度，安全第一。

（3）小组成员既要分工明确，又要互相帮助，达到共同进步。

（4）在生产过程中，既要安全生产完成任务，又要用 5S 标准要求自己。

（5）按照 5S 的管理标准，制定相应的激励政策，督促员工养成良好的工作习惯。

四、5S 实施技巧

1．制定标准

要想成功地推进 5S 管理，首先要设定严格而可行的 5S 标准，并将 5S 管理标准融到企业日常的管理制度中去，公平、公开、公正地按制度进行管理和奖罚，这样才能实现企业效益和员工素质的持续改善，客户满意度的稳步提高，实现 5S 的管理目标，即“提高效率、减少浪费、保证质量、保障安全、美化环境”。表 1-2 所示为汽车 4S 店 5S 管理基本要求。

表 1-2　汽车 4S 店 5S 管理基本要求

	项次	项　目	基本要求
1. 整理	1	通道	畅通，整洁
	2	工作场所的设备、材料	3 日内使用，且整理清楚
	3	办公桌（作业台）上下及抽屉	桌面及抽屉之物品摆放简洁、整齐
	4	料架	摆放物为近日用，很整齐
	5	仓库	有定位、管理，进出方便
	6	附属设施	物品摆放整齐，环境清洁
	7	室内外公共场所	墙面干净，物品挂放整齐；地面干净，无废弃物
2. 整顿	1	设备、机器、仪器	摆放整齐、干净，呈最佳状态
	2	工具	工具有保养、有定位放置
	3	零件	保管有定位，有图标，任何人均很清楚
	4	图纸作业标示书	有目录，有次序，且整齐，方便使用
	5	文件档案	明确定位，任何人都能随时使用
3. 清扫	1	通道	地面清洁，无废弃物，定时清扫
	2	作业场所	地面清洁，无废弃物，定时清扫
	3	办公桌、作业台	桌面整洁，桌椅四周干净、光亮
	4	窗、墙面、地面、天花板	干净亮丽，令人感觉舒爽
	5	设备、工具、仪器	使用中有防止不干净之措施，并随时清理
4. 清洁	1	通道	通道及作业区令人感觉很舒畅
	2	墙面、地面	墙面、地面干净亮丽，令人感觉舒服
	3	办公桌/作业台/椅子/架子/会议室	任何人都感觉很舒服
	4	洗手台、厕所等	干净亮丽，还加以装饰，令人感觉舒服
	5	储物室	干净整齐，令人感觉舒服

续表

	项次	项　目	基本要求
5. 素养	1	日常 5S 活动	活动热烈，大家均有感受
	2	服装	穿着依公司规定，并感觉有活力
	3	仪容	有精神、有活力
	4	行为规范	富有主动精神、团队精神
	5	时间观念	遵守约定时间，提早行事

2．红牌作战

对于不符合 5S 管理标准的地方贴“红牌”，统计有关人员“红牌”数量作为惩罚的依据。

3．目视管理

5S 管理工作是基于目视化管理的现场管理体系，利用明显的标识、图形、颜色等进行管理，一看便知，简单有效。如利用画线可以区分生产区、通道、设备工具摆放位置区等区域。

4．看板管理

通过 5S 看板，将所有 5S 工作的信息集中起来，明确 5S 内容宣导、区域划分、制度公示、各区域的 5S 要求，融合日常检查、现状改善前后对比、信息通告和反馈等内容，使 5S 现场管理本身体现为一种高效直观的目视化管理方式，让企业的全体人员一目了然，同时督促管理层和所有人员更好地重视并有效地开展 5S 工作。图 1-16 所示为汽车 4S 店 5S 管理看板模板。

5．检查表

5S 管理是一项持久不间断的工作，每日检查且每周汇总是一种比较好的方式。因此，制定一个可以持续使用的 5S 检查表很有必要。

如表 1-3 所示为某汽车 4S 店 5S 管理检查表。

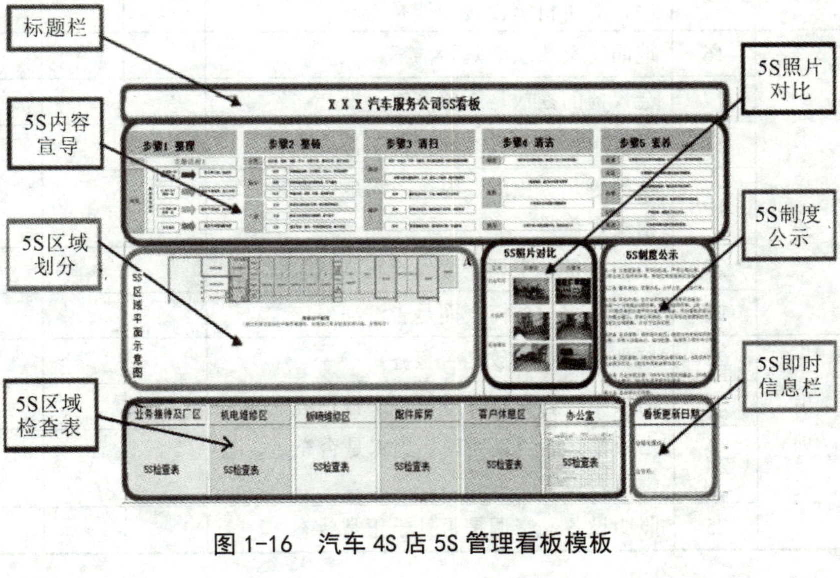

图 1-16　汽车 4S 店 5S 管理看板模板

表 1-3　汽车 4S 店 5S 管理检查表

	受评区域	序号	检查项目	优	中	差	检查评价
				1分	0.5分	0分	
管理部门（总经办、人事行政部、财务部、市场部、客服部）	办公室	1	室内地面是否干净、卫生，地面是否无烟灰烟头，烟灰缸是否及时清理				
		2	办公桌面是否整齐，不凌乱				
		3	文件柜、抽屉里的文件是否分类摆放、整齐有序				
		4	文件柜顶是否有随便摆放杂物文件等				
		5	办公设施是否洁净，并定位摆设				
		6	计算机、电话及其他电源线是否固定得当、线路合理				
		7	绿植盆景是否生机勃勃，无枯死或干黄				
		8	办公室四周墙壁是否洁净，无刮痕，无蜘蛛网				
		9	员工是否按规定着装/佩戴工牌				
		10	办公桌是否摆放有序，离开座位人员椅子是否复位				
		11	能否在 30 s 内找出常用的文件				
		12	计算机资料是否分门别类，能在 30 s 内找出常用的文件				
		13	看板是否及时更新，物料杂物是否堆放有序，私人物品摆放有序				
		14	计算机定期杀毒，电子邮件是否定期阅读及清理				
		15	保安亭是否整洁卫生，物品是否摆放有序，对讲机等设备功能是否正常				
公共区域部分	会议室	16	地面、桌椅表面是否洁净				
		17	会议椅的摆放是否整齐				
		18	白板用毕有无及时擦拭，干净白亮				
		19	白板笔是否更新及时、墨水是否充足、笔帽是否盖紧				
		20	照明设备、空调是否处于正常状态				
	培训室	21	地面、培训桌椅表面是否洁净				
		22	培训桌椅的摆放是否整齐				
		23	白板用毕有无及时擦拭，干净白亮				
		24	白板笔是否更新及时、墨水是否充足、笔帽是否盖紧				
		25	照明设备、空调是否处于正常状态				

续表

	受评区域	序号	检 查 项 目	优	中	差	检查
				1分	0.5分	0分	评价
公共区域部分	卫生间	26	洗手台、镜子保持干爽				
		27	便池是否清洁，通水设施是否正常				
		28	地面（包含内间）是否洁净无水渍				
		29	卫生间空气是否保持清新、无异味				
		30	卫生用品是否充足				
		31	拖把、清扫桶是否洁净，按规定摆放				
	露天区域	32	水泥地面是否干净，无纸屑、烟头等				
		33	围墙角落是否干净，没有堆放垃圾				
		34	客户车、商品车是否指挥摆放有序				
		35	露天区域内植物是否生机勃勃，无枯黄				
	厨房	36	各类物资、原料是否分类摆放				
		37	厨具、灶头是否洁净卫生无油渍，定期清理				
		38	地面干净无油、水渍				
		39	垃圾是否定期、及时处理，无蚊蝇、蟑螂、老鼠等				
		40	下水道通畅，无堆积杂物				
		41	是否配备有效消防、消毒器具				
	饭堂宿舍	42	墙面、地面、洗碗池是否洁净，无油渍				
		43	用餐桌椅是否干净、摆放整齐				
		44	照明、空调、风扇设备是否处于正常状态				
		45	是否没有大量剩菜剩饭之现象				
		46	照明、空调、风扇、水龙头是否随手关闭，是否人走设备停				
		47	员工碗筷是否摆放有序				
		48	是否无蚊蝇、蟑螂、老鼠等影响卫生之物				
销售部门	办公室	49	室内桌椅、地面、办公设备是否清洁				
		50	办公桌椅是否摆放整齐				
		51	文件、来电登记表是否按规定摆放，文本是否完整无缺烂				
	接待前台	52	接待前台物品是否摆放有序、名片是否摆放整齐				
		53	文件是否摆放有序，能在30 s内找到常用文件或物品				
	户外	54	户外（展厅门前空地）是否干净、无纸屑烟头				
		55	户外广告物（如横幅）是否更换及时，无残旧、过时物件				
		56	试乘试驾车辆是否摆放整齐，干净整洁				

续表

受评区域		序号	检查项目	优 1分	中 0.5分	差 0分	检查评价
销售部门	展厅	57	落地玻璃是否洁净明亮				
		58	欢迎踏垫是否颜色鲜艳、清洁、摆放合理				
		59	易拉宝、资料架是否摆放整齐并充足				
		60	洽谈区桌椅是否摆放整齐				
		61	烟灰缸是否干净，烟头烟灰是否及时清理				
		62	是否按规定播放背景音乐并调至最佳状态，定期更换				
		63	展厅植物是否良好，无枯叶、烟灰及烟头				
		64	精品展示柜外观是否洁净，柜内精品摆放有序				
		65	展厅内广宣物（如横幅、吊旗）是否及时更新				
		66	儿童游乐区整齐、各类游乐器具是否按规定摆放及功能正常				
	展车	67	内外观是否清洁，座椅调整适当				
		68	内外轮弧是否清洁，车轮 MARK 是否垂直于地面				
		69	发动机室、后厢沟槽是否整齐清洁				
	人员仪容	70	是否按规定安排人员在展厅门口迎宾				
		71	是否按规定着装、佩戴工牌				
		72	仪容是否整洁，站、坐姿是否得体				
		73	是否能熟练使用接待用语和服务应对技巧				
售后部门	办公室接待前台	74	室内桌椅、地面、办公设备是否清洁				
		75	办公桌椅是否摆放整齐				
		76	文件是否摆放有序，是否能在 30 s 内找到常用文件或物品				
		77	接待前台物品是否摆放有序、名片是否摆放整齐				
		78	三件套、外观检查单、工单等准备充足、摆放规范				
		79	接待前台是否摆放整齐、干净				
	仓库	80	仓库各类标志清楚，标签清晰并及时更新				
		81	物件分类摆放，能在 30 s 内找出常用件				
		82	过道畅通无阻				
		83	货架及时清扫、干净整洁				
		84	配备消防器材，且所配消防器材处于正常使用期				

续表

<table>
<tr><th rowspan="2"></th><th rowspan="2">受评区域</th><th rowspan="2">序号</th><th rowspan="2">检 查 项 目</th><th>优</th><th>中</th><th>差</th><th rowspan="2">检查评价</th></tr>
<tr><th>1 分</th><th>0.5 分</th><th>0 分</th></tr>
<tr><td rowspan="16">售后部门</td><td rowspan="12">维修车间</td><td>85</td><td>各区域是否画线清晰、油漆标志清楚，指向明确</td><td></td><td></td><td></td><td></td></tr>
<tr><td>86</td><td>作业现场物品、工具是否摆放整齐有序，是否能 30 s 找出常用工具</td><td></td><td></td><td></td><td></td></tr>
<tr><td>87</td><td>作业期间是否保持三不落地（配件、工具、油污不落地）</td><td></td><td></td><td></td><td></td></tr>
<tr><td>88</td><td>通道、走道是否保持畅通，消防设施是否功能正常、定期检查</td><td></td><td></td><td></td><td></td></tr>
<tr><td>89</td><td>工具箱等是否定位放置、设定责任人</td><td></td><td></td><td></td><td></td></tr>
<tr><td>90</td><td>机器设备是否定期保养、外观清洁、功能正常</td><td></td><td></td><td></td><td></td></tr>
<tr><td>91</td><td>旧零件是否整齐摆放，废件是否及时处理</td><td></td><td></td><td></td><td></td></tr>
<tr><td>92</td><td>车间内动力供给系统是否加设防护物或警告牌</td><td></td><td></td><td></td><td></td></tr>
<tr><td>93</td><td>车间地面、门窗、洗手台、清洁池等是否保持清洁</td><td></td><td></td><td></td><td></td></tr>
<tr><td>94</td><td>车间排水道是否及时清理杂物</td><td></td><td></td><td></td><td></td></tr>
<tr><td>95</td><td>员工是否按规定着装，戴工牌、防护用品</td><td></td><td></td><td></td><td></td></tr>
<tr><td>96</td><td>工单与维修车辆一一是否对应、摆放合理</td><td></td><td></td><td></td><td></td></tr>
<tr><td rowspan="4">客户休息区</td><td>97</td><td>桌椅、地面是否整洁</td><td></td><td></td><td></td><td></td></tr>
<tr><td>98</td><td>饮用水、茶水、水杯是否充足、易取</td><td></td><td></td><td></td><td></td></tr>
<tr><td>99</td><td>客户使用过的烟灰缸、一次性水杯是否及时清理</td><td></td><td></td><td></td><td></td></tr>
<tr><td>100</td><td>报纸、书刊是否及时更新、及时归位，网络是否正常</td><td></td><td></td><td></td><td></td></tr>
</table>

检查人签名：

受检人签名：　　　　　　　　　　　　　　　　　　　　　　　　检评日期：

五、实施 5S 管理的好处

（1）合理利用空间和资源；

（2）提高工作效率；

（3）提高企业形象；

（4）提高员工素质；

（5）改善员工的精神面貌；

（6）丰富企业文化；

（7）提高服务质量；

（8）促进企业安全生产。

【任务实施】

一、制定标准

根据实训车间的具体情况，以小组为单位制定 5S 管理标准。然后，全班集中讨论本实训车间可操作的 5S 管理标准。

二、制定 5S 管理日检查表

根据实训车间 5S 管理标准及实训车间的具体情况，以小组为单位制定 5S 管理日检查表具体内容。然后，全班集中讨论本实训车间可操作的 5S 管理日检查表具体内容。

三、设计 5S 管理看板

根据实训车间的具体情况，以小组为单位设计 5S 管理看板。

四、进行 5S 作业

以小组为单位，按实训车间 5S 管理标准，对本小组分担的责任区域进行持续不断的 5S 作业。

任务 3　车辆的接待

【任务导入】

汽车保养维修企业每天要接待大量的进厂车辆，而客户希望车辆维修保养时快速、专业、高质量、项目规范、价格合理、能按时取车，车辆整洁。这样，规范车辆的接待流程将会极大地提高生产效率。

【相关知识】

目前，车辆保养是强制执行的，即根据车辆保养手册的规定按照行驶里程或年限（以先到为准）进行保养，保养内容分为更换和检查。保养周期过短使车辆保养成本增加，而保养周期过长则车辆技术状况得不到保证。图 1-17 所示为一汽丰田卡罗拉轿车定期保养周期表；图 1-18 所示为一汽大众奥迪轿车定期保养周期表。

一、保养内容的确定

维修服务人员在接待客户时，一定要严格遵守随车保养手册中的规定，确定更换作业内容与保养检查内容。常见的更换作业内容与保养检查内容如下：

1．小保养

仅更换机油及机油滤清器，小保养的周期最短。

2．大保养

更换机油、机油滤清器、空气滤清器、汽油滤清器、空调进气滤清器及火花塞（白金火花塞除外）。

3．定期更换

制动液、防冻液、齿轮油等到一定里程或年限（以先到为准）就要更换。这些作业内容的更换周期有的是 2 年，也有的可能是 10 年，具体情况根据保养手册而定。

一汽丰田卡罗拉 1.6AT、MT 轿车定期保养周期表

保养操作：I=检查，必要时校正或更换；R=更换、更改或润滑。

保修间隔时间：		里程表读数									月数
里程表读数或月数，以先到者为准	*1000 km	1	10	20	30	40	50	60	70	80	
发动机基本部件											
1	传动带			I		I		I		I	24
2	机油（API：SL、SM 或 ILSAC）	每行驶 5000 km 或 6 个月更换一次									
3	机油滤清器		R	R	R	R	R	R	R	R	12
4	冷却和加热系统（参见注 1 和注 2）					I				I	24
5	发动机冷却液（参见注 3、注 4 和注 5）					I				I	—
6	排气管和装配件			I		I		I		I	12
点火系统											
7	火花塞	每行驶 100000 km 更换一次									
8	蓄电池		I	I	I	I	I	I	I	I	12
9	燃油滤清器（包括燃油箱内的滤清器）									R	96
10	空气滤清器滤芯			I		R				I	I：24 R：48
11	燃油箱盖、燃油管、接头和燃油蒸汽控制阀					I				I	24
12	炭罐					I				I	24
底盘和车身											
13	制动踏板和驻车制动器		I	I	I	I	I	I	I	I	6
14	制动衬块和制动盘		I	I	I	I	I	I	I	I	6
15	制动液		I	I	I	R	I	I	I	R	I：6 R：24
16	离合器油		I	I	I	I	I	I	I	I	6
17	制动管和软管			I		I		I		I	12
18	转向盘、连杆和转向机壳			I		I		I		I	12
19	驱动衬套			I		I		I		I	24
20	悬架球节和防尘罩			I		I		I		I	12
21	手动变速器变速杆（2ZR 发动机）				I			I			—
22	自动变速器油					I				I	24
23	手动变速驱动桥（IV API GL-4）					I				I	48
24	前悬架和后悬架			I		I		I		I	24
25	轮胎和轮胎气压		I	I	I	I	I	I	I	I	6
26	车灯、喇叭、刮水器和喷洗器		I	I	I	I	I	I	I	I	6
27	空调滤清器			R		R		R		R	—
28	空调制冷剂量			I		I		I		I	12

注：

1. 行驶 80000 km 或 48 个月后，每行驶 20000 km 或 12 个月检查一次。

2. 检查并确认散热器或冷凝器没有被树叶、污垢或昆虫堵塞，必要时进行清洁。同样，检查软管接头的安装情况，是否腐蚀等。

3. 行驶 160000 km 后更换，然后每行驶 80000 km 更换一次。

4. 仅可使用丰田高级长效冷却液或类似的优质乙烯/乙二醇冷却液（采用长效混合有机酸技术制成且不含硅酸盐、胺、亚硝酸盐及硼酸，采用长效混合有机酸技术的冷却液是一种低磷酸盐和有机酸的化合物。）

5. 更换丰田高级长效冷却液时，无须检查其液位。

图 1-17　一汽丰田卡罗拉轿车定期保养周期表

一汽大众 奥迪 A4 系列

保养项目	A4 1.8L TFSI	A4 3.2L FSI	A4 2.7L TDI	A4 3.0L TDI	A4 2.0L 共轨
更换发动机机油	可变，15000～30000 km/2 年				
常规检测	30000 km/3、5、7、9 年				
花粉滤清器	30000 km/2 年				
空气滤清器	90000 km/6 年	90000 km/6 年	60000 km/6 年	60000 km/6 年	60000 km/6 年
火花塞	90000 km/6 年	90000 km/6 年			
燃油滤清器			60000 km	60000 km	60000 km
Multitronic ATF 更换	60000 km		60000 km		60000 km
链条/正时带	链条终生不必更换				正时带 180000 km
制动液	三年后进行第一次更换（根据市场），然后每两年更换一次（与定期检查和废气排放检测一致）				

一汽大众 奥迪 A6L 系列

保养项目	A6L 2.0L TFSI	A6L 2.4L FSI	A6L 2.7L TDI	A6L 2.8L FSI	A6L 3.0L TFSI
机油更换间隔	可变，15000～30000 km/2 年				
保养间隔，固定	30000 km/2 年	30000 km/2 年	30000 km/2 年	30000 km/2 年	30000 km/2 年
空气滤芯间隔	30000 km/2 年				
花粉滤清器	30000 km/2 年				
制动液	三年后首次更换（具体取决于各个市场），随后每两年更换一次				
火花塞	30000 km/2 年	30000 km/2 年	30000 km/2 年	30000 km/2 年	30000 km/2 年
发动机传动带	90000 km/6 年				
蓄电池	30000 km/2 年	30000 km/2 年	30000 km/2 年	30000 km/2 年	30000 km/2 年
更换变速器油 CVT 无级变速 MT 变速器	60000 km 终生免维护	60000 km	60000 km	60000 km	60000 km

保养提示：

1. 每 7500 km（增压发动机车型每 5000 km）：更换机油、机油滤清器，附加清洁空调滤芯。
2. 每 15000 km（增压发动机车型每 10000 km）：更换三滤、机油，附加清洁空调滤芯（如空气质量、燃油质量较差，需缩短保养里程周期）。
3. 每年春季更换刮水器片，清洗散热器及冷凝器，每半年更换空调滤芯。
4. 每 2 年更换蓄电池。
5. 每 14 年更换安全气囊系统。

图 1-18 一汽大众奥迪轿车定期保养周期表

4．定期检查

（1）检查冷却液液面高度和冷却液浓度，如有必要，进行补充。

（2）检查车窗清洗装置：检查液位，如有必要，进行补充。

（3）检查蓄电池检充电情况：如果需要，对蓄电池充电。

（4）检查灯光设备。

（5）检查组合仪表。

（6）检查电动车窗、天窗、电动座椅、中控锁等功能。

（7）检查喇叭、转向信号及报警功能等。

（8）检查空调及后窗加热功能。

（9）检查安全带功能。

（10）检查轮胎：检查轮胎充气压力，轮胎要定期检查及换位。

（11）检查发动机传动带：定期检测，视情况更换。

（12）检查发动机正时皮带：定期检测，视情况更换。

（13）检查制动器：定期检测，视情况更换。

（14）检查转向系统：检查转向系统自由行程、密封性、损坏情况和磨损情况。

（15）底板，包括所有可见零件：检查损坏情况、密封性、锈蚀情况。

（16）检查制动管路和接头：目测密封性、损坏和位置是否正确。

（17）检查驻车制动器进行功能检查，如有必要进行调整。

二、保养维修接待规范

保养维修服务流程如图1-19所示。

1．客户接触

由前台人员或服务顾问与客户联系，要全面了解客户的需求。

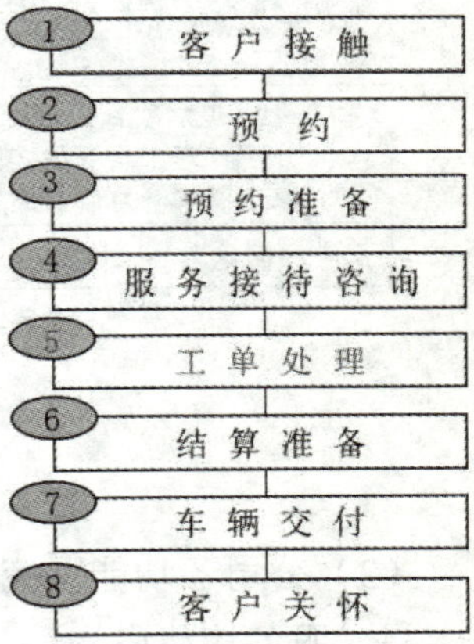

图1-19　保养维修服务流程

2．预约

由前台人员或服务顾问与客户进行日期约定。预约时要做好以下几点。

（1）告诉顾客可以提供哪些服务，并就以下方面达成约定：进站时间、保养项目、暂定的取车时间和预计维修费用。

（2）提前了解车辆故障现象，以便做好检测维修方案，备好需要更换的零部件。

（3）告知顾客进站时所需携带的证件和资料。

（4）预约成功的车辆由服务顾问制定预约业务委托书，“修理内容”栏下注明预约服务和进厂时间，并将车辆相关信息登记于预约/车间能力计划表。业务委托书如图1-20所示。

为提高车间维修工作效率，前台人员或服务顾问应加强预约，主动与客户进行预约。当顾客来电要求修车时，这种情况属于被动预约。

3．预约准备

1）预约订单的准备

预约成功的车辆制定业务委托书，要求一式三联。

（1）将业务委托书第一联放置于车间预约看板上，车辆进站后请顾客确认签字后凭此单施工。

（2）将业务委托书第二联交配件部，预约配件放于预约货架上。

（3）将业务委托书第三联交维修组长，准备工位、工具等。

2）工作环境准备

（1）预检区、工作区都应留有空位。

（2）各个停车区如竣工区、待修区等都应有空位。

业务委托书

客户号________________　委托书号________________

车主姓名________________　修理类型________________

车主电话________________　修理日期________________

车主住址________________　交车日期________________

客户故障描述					
牌照号		购车日期		车辆识别码	
车型		里程		发动机号	
修理工位	修理内容	修理工时	修理工	自检签名	
预计维修费用	材料费				
	工时费				
备注：1. 追加项目需与顾客协商确认。 2. 修理工料费按实际发生额结算。 3. 随车贵重物品顾客自行保管，如有遗失，公司方不承担任何责任。					
服务顾问签字		顾客签字			

×××汽车销售服务有限公司　电话：

地址：　邮编：

图 1-20　业务委托书

（3）公司各功能区应保持清洁、整齐。

4. 服务接待咨询

服务接待咨询由服务顾问完成，在服务顾问办公室或在预检区车辆旁进行。主要任务是确定保养维修项目、交车日期及预计维修费用。最后，完成业务委托书。

1）预检

（1）服务顾问在预检区进行预检时，为避免造成车辆内部损坏或脏污，必须用塑料薄膜护套保护驾驶员座椅和方向盘，用纸垫保护脚部空间（简称三件套），为避免划伤或弄脏侧围，开始工作前将车辆前端与侧围必须罩上护罩（翼子板防护罩），这些保护装置如图 1-21 所示。

（2）填写接车预检单，详细记录顾客对车辆故障现象的描述（顾客的要求及期望）。与客户一起进行以下 4 项检查：

①内饰、仪表里程数和油表数；

②车身外观；

③轮胎轮毂；

④询问客户是否可以开启行李厢（检查备胎气压、随车工具、警示牌）。

接车预检单如图 1-22 所示。

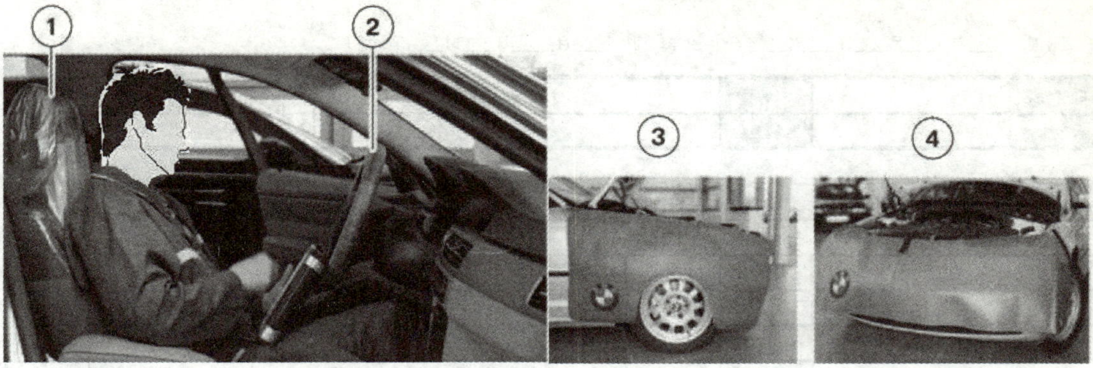

图 1-21　车辆防脏污与划伤的保护

1—驾驶员座椅护套　2—方向盘护套　3—车辆前端护罩　4—车辆侧围护罩

2）故障判断

（1）针对顾客对车辆故障现象的描述，服务顾问在预检区进行故障诊断工作。

（2）存在疑难故障的车辆应移入车间，由维修技师或技术总监参加进行故障诊断。

（3）只有通过驾驶才能进行故障诊断的车辆，服务顾问需与顾客一起做路试。

（4）服务顾问需耐心地向顾客解释发生故障的原因。

（5）经故障诊断后顾客愿意维修的车辆直接退出预检区。

（6）不需要进入车间内进行维修的项目，车辆维修作业直接在预检区完成。

3）完成任务委托书

（1）核对用户及车辆信息。

（2）服务顾问根据顾客意愿和接车预检单的检查记录与顾客协商确定最终保养维修项目、交车时间及预计维修费用。

（3）必须逐项说明保养维修项目、修理时间和预计维修费用。如果不能确认配件价格及工时价格，要能熟练地从电脑中查询配件及工时价格（或请配件部协助）。

（4）告知顾客免费的项目和经销商/维修站目前的服务活动。

（5）服务顾问应向顾客说明，在维修过程中，可能出现追加维修项目，维修费用超出订单预计维修费用时，需请顾客确认，顾客授权后方可进行追加项目的维修。

（6）顾客拒绝维修的项目及自带配件的维修项目要准确地记录。

（7）逐项核对后，请顾客在如图 1-23 所示的任务委托书上签字。

5．工单处理

任务委托书经顾客签字确认后，服务顾问通知并将车辆及业务委托书交车间经理或对应小组的组长。任务委托书到车间后，就成为维修人员的工作单，简称工单。工单处理在维修车间内进行。标准流程如图 1-24 所示。

接车预检单

来店时间：____年____月____日____时____分　交车时间：____月____日____时____分

顾客姓名		车牌号		车型		车辆颜色	
顾客电话		行驶里程		VIN			

维修项目							
______km常规保养□	一般维修□	事故车□		洗车□	其他□		
维修项目	配件	工时	合计	维修项目	配件	工时	合计
1.				8.			
2.				9.			
3.				10.			
4.				11.			
5.				12.			
6.				13.			
7.				合计：			

故障描述及诊断结果

保养项目		旧件	环车检查
机油		带走□　不带走□	外观检查（有损坏处○出）
机滤		油量显示（用→标记）	
空滤			
汽虑			
空调滤			
火花塞			
变速箱油			
转向油			
防冻液			
刹车油			
全车皮带			
润滑清洗			
进气燃油			

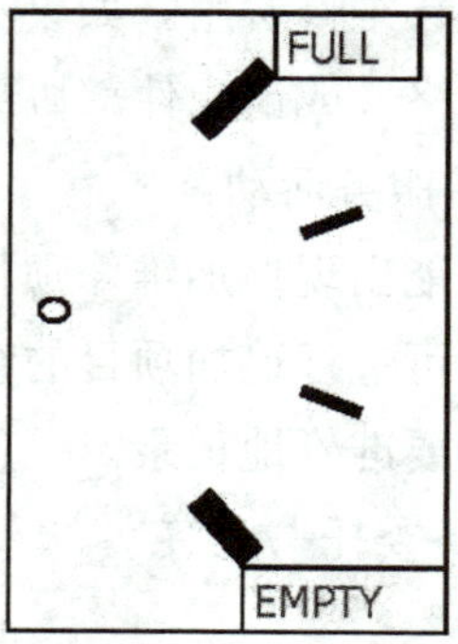

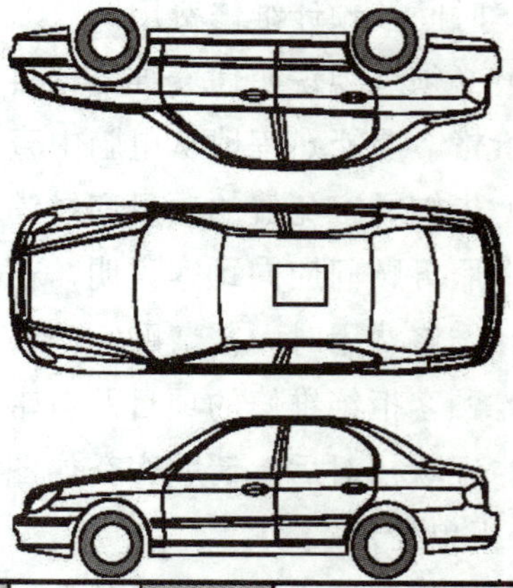

空调杀菌		灯光检测		轮胎检测		刹车检测		底盘检测	

本人同意贵公司依据本单所列之项目进行保养、诊断或者维修，愿意提车前支付相关零件、工时、油然、税务等费用，车内无现金或贵重物品，其他车内物品已妥善处理，如有丢失贵重物品贵公司无需负责。 此单据中预计费用是预估费用，实际费用以结算单中最终费用为准。
服务顾问签字：　　　　顾客签字：

图 1-22　接车预检单

任务委托书

条形码粘贴处

客　户：　　　　　　　　　　　　　　　　　委托书号：

地　址：

联系人：　　　　　　　　　　　　　　　　　进厂日期：

电　话：　　　　　　移动电话：　　　　　　约定交车：

牌照号	颜色	底盘号	发动机号	万公里	购车日期	旧件带走	是否洗车
						是□ 否□	是□ 否□
车型				付款方式		油箱	满□ 空□
生产日期			客户描述				
维修项目							
项目代码	项目名称	工时费	工时	性质	主修人	项目属性	项目备注
小计							
维修增项							
项目名称			工时费	性质	确认方式		客户签字
小计							
备件清单							
备件名称		性质		备件数量	出库单价	合计金额	渠道
小计							
建议维修项目							
建议委托书		建议维修项目代码		建议维修项目名称		工时费	

预估费用合计：

互检：　　机修______　钣金______　油漆______　　终检：　　机修______　钣金______　油漆______

服务总监：

地　　址：　　　　　　　　　　　　　服务顾问：

电　　话：　　　　　　　　　　　　　制　　单：

*注

1. 客户凭此委托书提车，请妥善保管；

2. 建议客户优先选用原装备件/附件产品，选用非原装产品时可要求服务顾问提供生产厂资质信息及产品质量合格证明信息。

客户签名：____________

图 1-23　任务委托书

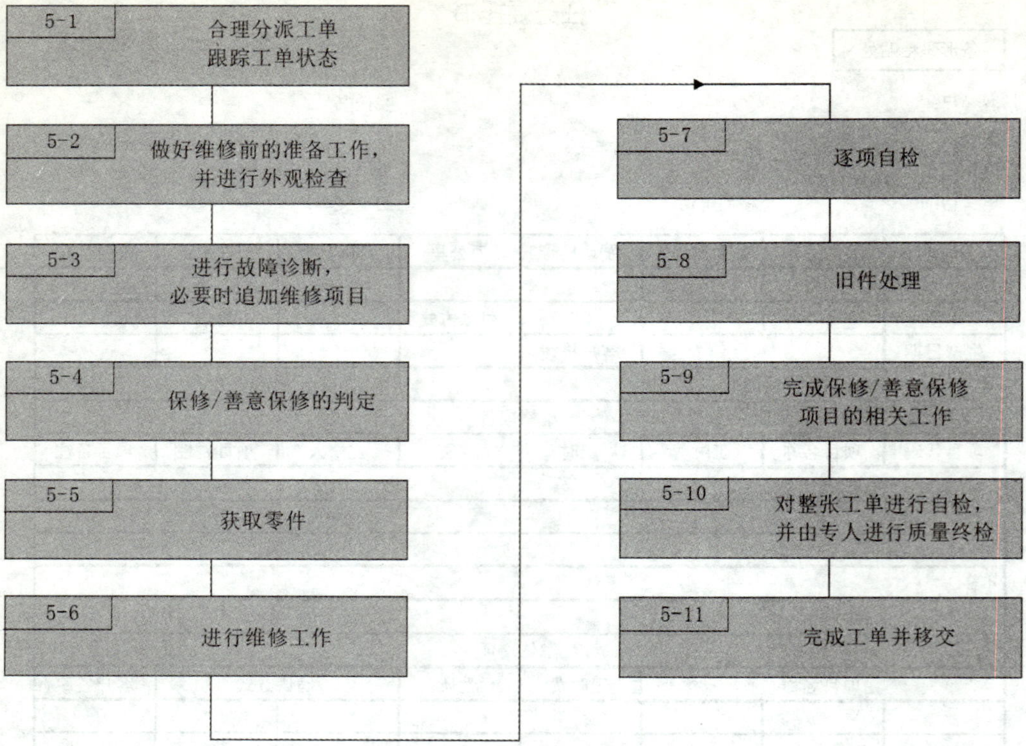

图 1-24　工单处理流程

1）合理分派工单，跟踪工单状态

合理分派工单是车间高效运转的基础，也是按时交车的保障。分派时既要考虑到将合适的工作派给合适的维修人员，又要考虑到工位的使用情况等。同时服务顾问也会定期对工单进行跟踪，以确定其进展状态。

2）做好维修前的准备工作，并进行外观检查

应该在开始工作之前，将各项准备工作做好，以节省维修时间。在正式开始维修之前，还需要对车辆进行外观检查，确保所有外观上的损伤都已经被记录下来，以避免将来可能发生的纠纷。

3）进行故障诊断，必要时追加维修项目

进行故障诊断，如发现需要追加的维修项目，由服务顾问与顾客协商，获得顾客授权后方可进行追加项目的维修。

4）保修/善意保修的判定

维修项目是否属于保修或善意保修，应由车间的专人进行判定。一旦认定为保修或善意保修项目，需要技师按照相关的规定实施维修。

5）获取零件

用最快捷的方式获取零件，可以最大限度地减少因领取零件所造成的时间延误，从而使客户的交车时间获得保障。

对于事先可以预知的零件，甚至可以在开工前预提零件。零件部的员工也可以将零件直接送到维修工位上，以节省技师的时间。

6）进行维修工作

对照工单上的维修项目，维修技师应严格按照维修流程及操作规范，开展维修工作。

7）逐项自检

在维修过程中，每完成一项维修工作，维修技师都应该进行自检，以确保维修质量。

8）旧件处理

对于维修更换下来的旧件，要按照客户或保修政策的要求进行相应处理。

涉及保修的旧件应放置在规定地点，保留到规定的期限，客户要求保留的旧件妥善为客户保留。

9）完成保修/善意保修项目的相关工作

按照公司保修政策的要求，完成相应工作。

10）对整张工单进行自检，并由专人进行质量终检

维修工作结束后，应由主修技师首先对整张工单进行自检。

路试：每次完成大修、与安全和噪声相关的维修后，都必须进行路试。

质量终检必须由专人进行，同时填写质量终检单。

11）完成工单并移交

车间部分的工作全部完成后，维修人员将车辆停放于洗车区，洗车工按先后顺序清洗干净后将车辆停放于竣工区，锁好车门后将钥匙和委托书一并交给服务顾问。

6．结算准备

（1）服务顾问核对顾客描述的故障是否排除。

（2）检查车辆是否清洗干净（外观、内部、拆过的部位及周围），尤其是对于在车内完成的工作，要仔细检查车辆内饰是否有脏污现象。

（3）将工单与实际完成的工作进行对比。

（4）由前台开具结算单。

（5）服务顾问通知顾客进行结算。

7．车辆交付

交车由服务顾问完成。服务顾问向客户解释结算单，并告知顾客下次需要保养的时间，将车辆交给客户并送走客户。

（1）逐项说明工时费及工时费的优惠情况。

（2）逐项说明材料费。

（3）说明总计修理金额。

（4）更换零部件的质量担保说明。

（5）拒绝维修项目提醒。

（6）下次保养里程提醒。

8．客户关怀

客户关怀部门根据客户接受的服务内容，在规定时间内进行客户满意度调查，对客户提出的意见进行积极处理、协调及上报。

【任务实施】

（1）训练三件套的正确使用。

（2）根据实训车间现有的车辆及行驶进程制定接车预检单及任务委托书。

任务4　举升机的使用

【任务导入】

在汽车保养维修车间，举升机是非常重要的设备，对举升机的使用与保养有严格的要求。

【相关知识】

在举升机的使用过程中，如果操作不当，不仅可能损坏车辆，而且可能造成维修人员的人身伤害，因此，只有经过培训的人员方可操作举升机。常见的举升机有四柱式、双柱式及剪式举升机。

一、四柱举升机操作规程

四柱举升机结构如图1-25所示。使用四柱举升机要注意的事项如下。

（1）严禁举升机超载，一般四柱式举升机所允许的额定负载为4500 kg。

（2）四根钢丝绳均匀受载，要求每根钢丝绳受载不得超过1200 kg。

（3）在举升机升降过程中必须随时注意举升机及车辆的升降情况，升降过程中严禁对车辆进行维修。

（4）当举升机举升到工作高度后，按下向下标记按钮（不扳动手柄），使举升机横梁上挡块平稳地锁在保险板上。

（5）举升机下降时，必须先按下向上按钮，待举升机横梁的挡块脱离保险板时，扳动手柄， 再按下向下标记按钮，举升机便自行下降，不得在不松动挡块的情况下随意扳动手柄。

（6）举升机维修保养须由经过培训的专人负责。

（7）定期（每星期一次）给钢丝绳、钢丝绳轮及各转动关节加注润滑油。

（8）随时注意油液情况，油箱必须加足N46号高抗磨液压油，对液压系统，首次换油时间为安装使用后3个月，以后每隔一年换油一次。

二、双柱式举升机的操作规程

双柱式举升机的结构如图1-26所示，使用双柱式举升机要注意的事项如下。

图1-25　四柱举升机结构

图1-26　双柱举升机结构

（1）严禁举升机超载，一般双柱式举升机所允许的额定负载为3500 kg。

（2）举升车辆时应严格使用车辆支撑点支撑车辆，四个托盘的中心线与车辆支撑点完全对正并接触良好，否则易使车身外表件变形或发生车辆滑落的危险。德国大众车系车辆支撑点如图 1-27 所示；丰田卡罗拉车辆支撑点如图 1-28 所示。

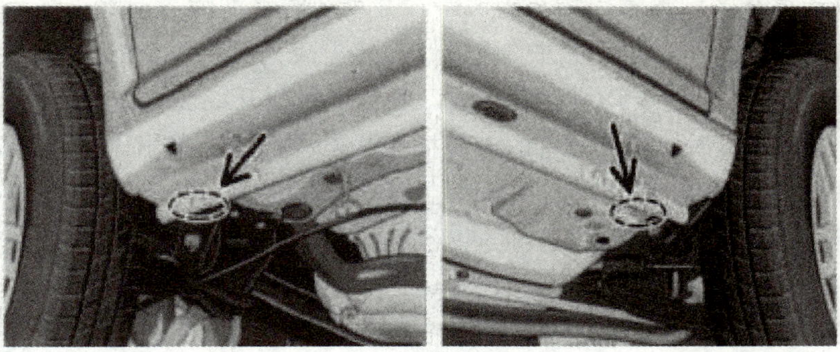

（a）后轮支撑点　　　　　　（b）前轮支撑点

图 1-27　德国大众车系车辆支撑点

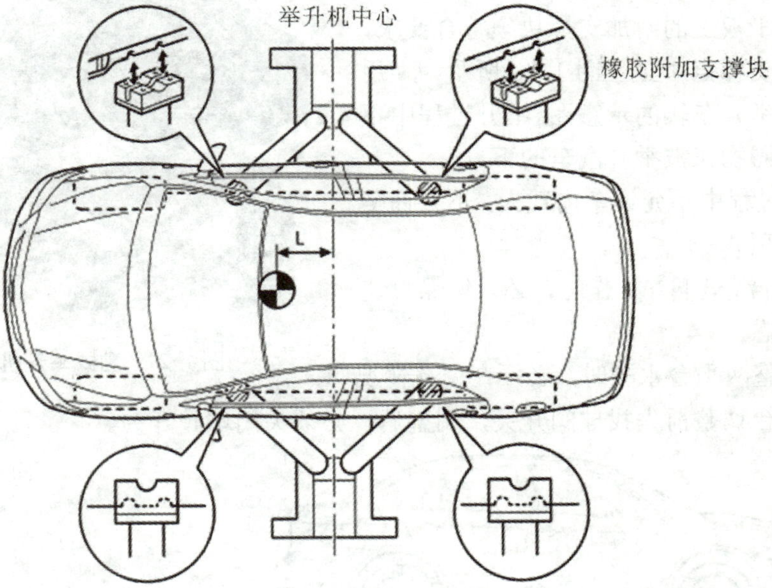

：车辆重心（空载状态）

图 1-28　丰田卡罗拉车辆支撑点

（3）当车辆四轮离地 50～100 mm 时，晃动车子，检查汽车是否已停稳，在确认车辆已安全定位后，继续按上升按钮，直至汽车被举升到工作位置。

（4）举升过程中，注意观察车辆是否平稳，保险锁是否正常，如有异常，立即停止举升。

（5）举升过程中，严禁人员进入车辆下方。

（6）确认两保险锁处于锁止状态时方可进入车辆下方工作。

（7）拆卸发动机和传动桥等较重的零件时，车辆重心会移动。请在适当位置放置一块平衡配重以避免车辆摇摆，或使用变速器千斤顶对车辆进行支撑。

（8）在车辆驶离举升机之前，将托臂放到可以使汽车通过的位置上，确保立柱间无障碍物。

（9）勿撞击托臂，以防损坏举升机及汽车。

（10）须保持举升区域无障碍物及碎屑等，并须及时将油污等清除干净。

（11）若需延伸线，须选用可通过的电流比额定电流大两倍以上的电线，若可通过的电流小于额定电流，会引起发热。须小心布线，避免电线断开或被拉掉。

（12）不使用举升机时，应将设备的电源插头从电源插座上拔出。不要通过拽拉电线将插头从插座上拔出，应抓住插头将其从插座上拔出。

（13）定期（每星期一次）给钢丝绳、钢丝绳轮及各转动关节加注润滑油。经常检查托盘橡胶垫，如有损坏，则立刻更换。

三、剪式举升机的操作规程

在使用举升机前，必须详细阅读使用说明书，尤其是安全规程。使用本举升机时，必须严格遵守安全规程，以防发生事故。剪式举升机的结构如图 1-29 所示。

（1）举升机最大负载不能超过 3000 kg。

（2）举升平板上的附加支撑块须符合要求，且必须与车辆支撑点对正，图 1-30 所示为使用了附加支撑块举升车辆的示意图。举升过程中不允许有人及障碍物在被举升汽车的下方。

（3）举升过程中不允许车内载人，不允许爬上举升机或车顶。

（4）在举升汽车下方工作时，必须使保险装置处于锁紧状态。

图 1-29　剪式举升机的结构

（5）在调整两平台水平时，必须在空载情况下进行，两平台调整前先找球阀开关，调整后，必须关闭球阀开关。

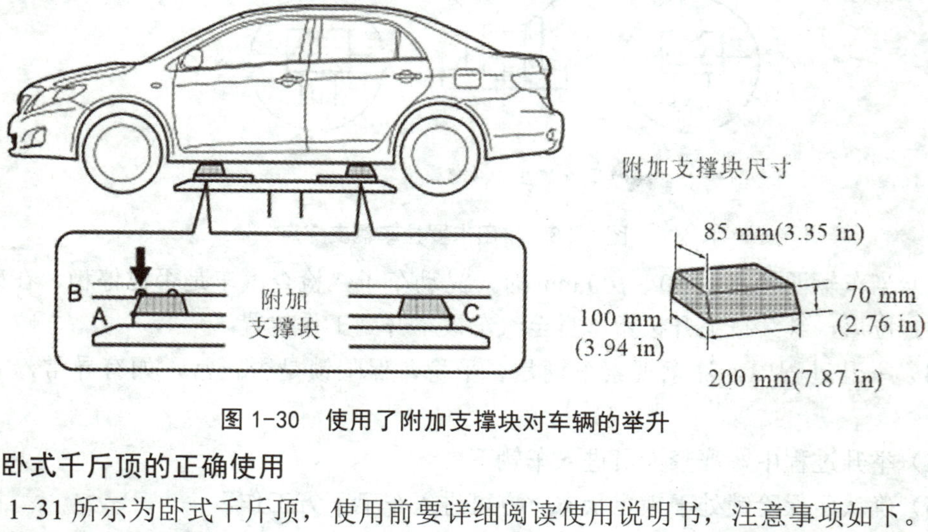

图 1-30　使用了附加支撑块对车辆的举升

四、卧式千斤顶的正确使用

如图 1-31 所示为卧式千斤顶，使用前要详细阅读使用说明书，注意事项如下。

1. 支撑点要正确

用卧式千斤顶顶起车辆时，定位不当可能会损坏车辆或导致人员受伤，以丰田卡罗拉轿车为例，车辆前部的支撑点如图 1-32 所示；车辆后部的支撑点如图 1-33 所示。

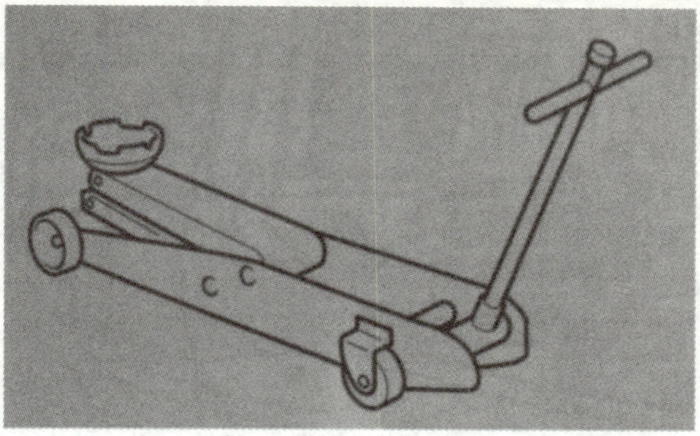

图 1-31　卧式千斤顶

图 1-32　丰田卡罗拉轿车车辆前部的支承点

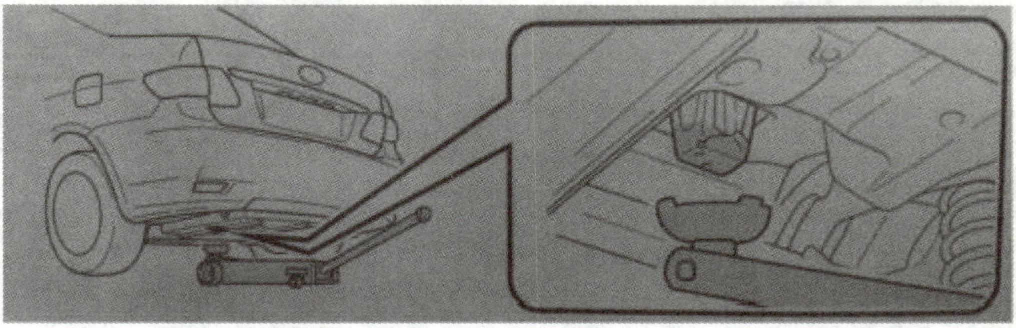

图 1-33　丰田卡罗拉轿车车辆后部的支承点

2．在平地上操作时请务必使用车轮挡块

将车辆停在平坦坚硬的地面上，换挡杆置于 P 挡（手动变速器置于空挡），在顶起前轮时，应拉紧驻车制动器，在后轮后方放置车轮挡块。而在顶起后轮时，则仅需在前轮前方放置车轮挡块。

【任务实施】

学生分组训练，正确使用举升机，并完成表 1-4 所示的工单。

表 1-4　实训工单

姓名		班级		学号		小组		工位	

工作任务

1. 举升机型号

2. 车辆型号 VIN 码

3. 举升操作要点

存在的问题：

教师评语：

年　　月　　日

知识拓展一

汽车维护制度

一、汽车维修作业过程中的常用名词术语

（1）检查。按技术要求对零部件、总成件进行检查，不符合要求的，必须进行紧固、调整、修理或更换。

（2）拆检。按技术要求对零部件、总成件进行分解检查，不符合要求的予以修理或更换。

（3）测检。按技术要求对零部件进行测量、检查。

（4）更换。按技术要求，更换新的零部件或总成件。

（5）调整。按技术要求，对零部件或总成件进行调节整定。

（6）清洁。按技术要求，清除零部件、总成件表面的积炭、油污、结胶物和脏物。

（7）清洗。拆下或不拆下机件，利用溶剂进行洗涤。

（8）换油。对总成件外表面进行清洗后，按规定更换原有的润滑油或液压油。

（9）润滑。清洁总成件外表面，按规定加注润滑油或润滑脂。

（10）拆装。将总成件从原车拆下，按技术要求进行各项作业，再将其装回原车。

（11）变形。汽车零件在使用过程中零件要素的形状和位置发生变化不能自行恢复的现象。

（12）泄漏。汽车上有密封要求的部位漏气（液）量超过技术要求规定的现象。

（13）异响。汽车总成或机构在工作中产生的超过技术要求规定的不正常响声。

（14）损伤。在超过技术文件规定的外因作用下，使汽车或其零件的完好技术状况遭到破坏的现象。

（15）过热。汽车总成或机构的工作温度超过文件规定的现象。

（16）磨合。汽车总成或机构组装后，改善零件摩擦表面几何形状和表面层物理力学性能的过程。

（17）热磨合。发动机自行运转的磨合。

二、汽车维护

汽车维修是指汽车维护与汽车修理。汽车维护也叫汽车保养或汽车养护。

所谓汽车维护，就是在车辆技术状况完好时，为维持汽车完好的技术状况或工作能力而进行的技术作业。其作业内容主要包括清洁、补给、润滑、紧固、检查、调整以及发现和消除汽车运行故障和隐患等。汽车维护的分类如图1-33所示。

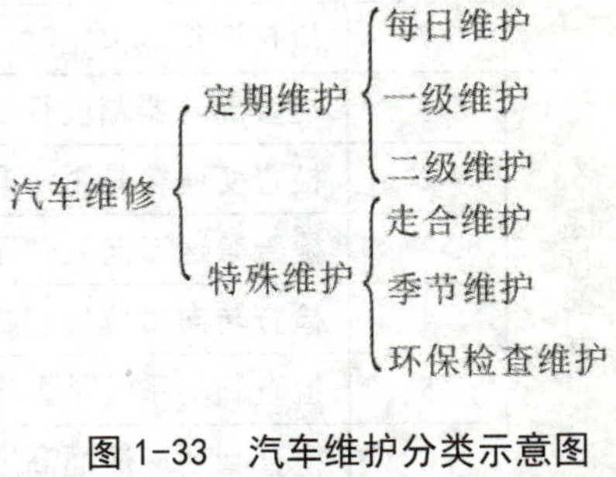

图1-33　汽车维护分类示意图

汽车维护的目的是降低汽车机件的磨损速度，预防故障发生，使汽车经常保持良好的技术状况，延长汽车使用寿命。

通过对汽车的良好维护，可大大延缓汽车技术状况变坏的速度，减少汽车技术故障。减少因汽车故障而造成的汽车停歇，从而提高汽车运输的产量和经济收入，同时减少因故障而需支付的大量汽车修理费用。

通过良好维护，可大大延长发动机和汽车的大修里程，甚至实现发动机和汽车的全寿命无大修，提高汽车投资效益。

通过良好维护，还可大大提高汽车行驶的安全性，减少或避免交通事故和因事故造成的人员伤亡和财产损失。

1．汽车每日维护

汽车的每日维护是指驾驶员在每日出车前、行车中、收车后所进行例行维护作业，故也称为例行维护或日常维护。其主要作业内容如下。

（1）出车前检查。在出车前，环视汽车，看看车有没有损坏的部位，车身有没有倾斜；检查有没有漏油、漏水等情况；检查后视镜的位置、大灯玻璃和挡风玻璃的清洁度；检查轮胎状况和轮胎气压情况；检查车门、发动机仓盖、行李厢盖和车门玻璃窗的状况。打开点火开关钥匙（不启动发动机）时，查看燃油表的指示，检查各报警灯和指示灯的点亮情况，启动发动机后察看各报警灯是否正常熄灭。

（2）行驶中检查。行驶中应注意观察机油压力指示灯、水温报警灯、发电机充电指示灯、转向指示灯和液面高度指示灯是否报警。注意观察制动是否可靠，转向是否灵活，车辆在行驶过程中是否有跑偏现象及异响；注意观察大灯、转向信号灯及喇叭是否正常。

（3）收车后检查。应保持整车外观清洁，附件齐全，应检查各连接件连接处的坚固情况，如有松动应紧固。车窗及天窗关闭，中控锁正常工作，防盗报警指示灯正常。

2．汽车一级维护

一级维护一般是按汽车生产厂家规定的行驶里程进行。一级维护由专业维修工负责执行。其作业中心内容除日常维护作业外，以清洁、润滑、紧固为主，并检查有关制动、操纵等安全部件。一级维护基本作业项目见表1-5。

表1-5　一级维护基本作业内容

系统	序号	作业内容
发动机部分	1	检查润滑、冷却、排气系统及燃油系统是否渗漏或损坏
	2	更换发动机机油及机油滤清器滤芯
	3	检查冷却系液面高度及防冻能力，必要时添加冷却液或调整冷却液浓度
	4	清洗空气滤清器，必要时更换滤芯
	5	检查清洗火花塞，必要时更换火花塞
	6	检查V带状况及张紧度，视情调整张紧度或更换V带
	7	检查调整点火正时，怠速转速及一氧化碳含量
底盘部分	1	检查离合器踏板行程
	2	检查变速箱是否渗漏或损坏
	3	检查等速万向联轴器防尘套是否损坏
	4	检查转向横拉杆球头固定情况、间隙及防尘套是否损坏
	5	检查制动系统是否渗漏或损坏
	6	检查制动液液面高度，必要时添加制动液

续表

系统	序号	作业内容
底盘部分	7	检查制动蹄摩擦衬片或衬块的厚度
	8	检查调整手制动装置
	9	检查轮胎气压、磨损及损坏情况
	10	检查车轮螺栓扭紧力矩
	11	检查轮胎花纹深度
车身部分	1	润滑发动机舱盖及行李厢盖铰链
	2	润滑车门铰链及车门限位拉条
	3	检查车身底板密封保护层有无损坏
电气系统	1	检查照明灯、警报灯、转向信号灯及喇叭的工作状况
	2	检查调整前大灯光束
	3	检查风挡玻璃刮水器及清洗装置，必要时添加风挡玻璃清洗液
	4	检查蓄电池液面高度，必要时添加蒸馏水
	5	检查空调系统是否泄漏
	6	检查清洗空调新鲜空气滤清器
路试	1	检测整车各部分性能

3．汽车二级维护

二级维护是在一级维护的基础上进行的。二级维护以检查和调整为主，由专业维修工负责执行。二级维护也是按汽车生产厂家规定的行驶里程进行的，这个行驶里程一般是一级维护行驶里程的2～3倍。

在进行二级维护时，由专业维修工对汽车各系统进行较全面的检查及调整，并进行必要的附加修理作业，从而使汽车的主要机构都尽可能地维持在良好的技术状况，使汽车达到规定的安全性、动力性和经济性要求。其作业项目除了汽车一级维护的作业项目外，还要增加二级维护的项目，二级维护作业项目如表1-6所示。

表1-6　二级维护作业内容

系统	序号	作业内容
发动机	1	测量气缸压力，发现并消除发动机故障
	2	更换三滤(空气滤清器、燃油滤清器、机油滤清器)
	3	检查及调整气门间隙，检查及调整油、电路
	4	检查冷却系统及润滑系统，排除四漏(漏气、漏电、漏油、漏水)
	5	检查及紧固发动机各螺栓，检查及调整各传动带松紧度，润滑水泵轴承，调整机油压力

续表

系统	序号	作业内容
底盘部分	1	检查调整离合器，拆盖检查变速器各齿轮及换挡机构工作情况，添加或更换润滑油
	2	拆洗及润滑传动轴各万向联轴器及轴承、里程表软轴
	3	执行半轴及万向联轴器的定期换位
	4	拆检及调整转向横直拉杆球头，检查前束及前轮定位、最大转向角及转向盘松动量
	5	调整制动效能(包括驻车制动)，检查制动管路，添加或更换制动液
	6	润滑底盘各润滑点，检查及紧固底盘各部的连接螺栓
	7	排除四漏(漏气、漏油、漏水、漏电)
	8	检查胎面，拆检及润滑或修补内胎，充气后检查轮胎气压；执行轮胎换位
电器系统	1	检查蓄电池电压及电解液密度，进行常规性充电
	2	拆检发电机及启动机，清理电刷，检查调整启动机开关
	3	检查灯光及仪表，清理线路，检修喇叭、转向灯及制动灯
	4	检查电动车窗、中控门锁
车身部分	1	检查车架及横梁有无裂损变形，铆钉有无松动
	2	检查钣金表面有无裂损变形，必要时敲补修整
	3	破损部位局部补漆

4．汽车的换季维护

在入冬或入夏时，为使汽车适应季节的变化而实行的维护称为季节性维护（可结合汽车二级维护作业完成）。其主要作业内容是按季更换润滑油，并调整油电路和检查维护冷却系统等。

5．汽车的走合维护

走合期是指对新车或大修后汽车最先行驶的一段里程，在这段里程行驶过程中，应严格按照车辆使用说明书规定的技术标准驾驶车辆及维护车辆，在走合期内所做的维护内容称为走合期维护。

走合期维护内容如下。

（1）走合期实施的维护，要求驾驶员特别注意做好每日维护。

（2）走合期还要执行减载减速，并经常检查和紧固外露的螺栓螺母，注意各总成在运行时的声响和温度变化，及时进行调整。

（3）在走合期满后，由专业维修工负责进行走合期维护，维护内容为，在一级维护基础上，还要进行拆除限速器（或限速片）、重新调整油电路、检查异响异热等。

6．环保检查维护

环保检查/维护制度 inspection/maintenance（I/M），是为防止汽车尾气排放超标而针对在用车辆采取的强制维护措施。环保检查也就是尾气检查，现阶段我国是每年检查一次，所有车辆需要到汽车检测线进行环保检查。环保检查合格的车辆发环保合格证，可以上路行驶。不合格的车辆需要到汽车维修企业根据环保检查结果进行维护，主要是对进排气系统、点火系统、燃油品质等影响汽车尾气排放的系统进行维护，然后再到汽车检测线进行环保检查，直到合格为止。

目前，我国各地执行的汽车尾气排放标准不一致，如北京地区规定汽车尾气的排放标准为国Ⅳ标准，而沈阳地区规定汽车尾气的排放标准为国Ⅲ标准。

三、汽车修理

所谓汽车修理，就是在车辆技术状况恶化后，为恢复汽车完好技术状况（或工作能力）和使用寿命而进行的技术作业。

由于在汽车使用过程中其技术状况的恶化是不可逆转的，因此当汽车技术状况恶化到使其完全丧失工作能力而不能再继续使用时，就需要对汽车进行修理。

在汽车修理时，要坚持视情修理，根据车辆的实际车况和检测诊断结果，视情对某些易损总成按不同作业范围和作业深度进行恢复性修理，从而恢复汽车的完好技术状况及整车使用寿命。

1．汽车修理的分类

按汽车修理的对象和作业深度划分，汽车修理类别有：汽车大修、总成修理、汽车小修和零件修理。

2．汽车修理的作业范围

（1）车辆大修（即汽车翻新）。车辆大修是指汽车在行驶一定的里程后，车辆机件已经严重磨损或损伤，车辆技术状况已经全面恶化，经过检测诊断和技术鉴定，通过修理或更换零件的方法，全面恢复汽车的完好技术状况和使用寿命的恢复性修理和翻新。

车辆大修时需要对整车进行解体，对全车各总成的所有零部件（包括基础件)进行分类检验(分为可用、可修、可换三类)，清洁可用零件、修理可修零件、更换可换零件，然后由零件总装为总成、由总成总装为汽车，以完全恢复或接近汽车的完好技术状况。

（2）总成大修（即总成翻新）。总成大修是指汽车的总成在汽车行驶一定的里程后，由于该总成的基础件和主要零部件已经严重磨损或损伤，经过技术鉴定，用修理或更换总成零件的方法，恢复总成技术状况和使用寿命的恢复性修理和翻新。

汽车的主要总成包括发动机、变速器、离合器、车架、车身、后桥、前桥等。总成大修时需要对总成进行解体，对总成所有零部件进行分类检验（分为可用、可修、可换三类），然后清洁可用零件、修理可修零件、更换可换零件，最后再总装为总成。

（3）车辆小修。车辆小修主要是消除汽车在正常运行过程中发现的故障或隐患，用修理或更换个别零件的方法，保证或恢复汽车工作能力的运行性修理。

（4）零件修理。零件修理是对因磨损、变形、损伤等而不能继续使用的零件进行修理，也是保证或恢复汽车工作能力的运行性修理。

车辆小修和零件修理都属于汽车运行性修理，为此应遵循技术上可行、经济上合理的原则，尽可能地修旧利废，以节约原材料、降低维修费用。除特殊情况外，车辆小修或零件修理作业都应结合到各级维护作业中完成，凡结合到各级维护作业所做的汽车小修或零件修理都称为汽车各级维护的附加修理作业。

3．汽车维修企业分类

不同类别的汽车维修企业其经营范围是有严格划分的，汽车维修企业的类别划分是按照其修理作业范围划分的。

（1）一类汽车维修企业。指从事汽车大修和总成大修的汽车修理企业。一类汽车维修企业也可以从事汽车维护、汽车小修和汽车专项修理。

（2）二类汽车维修企业。指从事汽车一级维护、二级维护和汽车小修的汽车维修企业。这类企业经营范围以汽车维护为主，不准许进行总成大修及车辆大修等业务。

（3）三类汽车维修企业。指专门从事专项修理的汽车维修企业。专项修理内容如：汽车音响修理、汽车轮胎修理、汽车空调修理及汽车装饰等。

四、汽车维修制度

2016年1月22日，中华人民共和国交通部公布了《道路运输车辆技术管理规定》（2016年第1号公布），根据坚持预防为主，依靠科技进步和技术与经济结合的原则，对原汽车保修制度做了重大改革，确立了“定期检测、强制维护、视情修理”的汽车维修制度。

1．定期检测

定期检测就是通过现代化的技术手段，定期正确判断车辆的技术状况。通过定期检测可使汽车故障早发现、早排除，可提高在用车辆的技术状况与道路运输环境的安全性，可充分发挥车辆效能，可减少汽车尾气排放对大气的污染等。基于这一理论，我国交通管理部门规定所有在用车辆，要定期到汽车综合性能检测站进行汽车综合性能检测及尾气排放污染检测（年检）。检测的项目主要有发动机综合性能、汽车制动性能、前照灯、车轮定位、尾气排放污染物、噪声、车速表、整车外观检测以及汽车底盘测功等，通过检测，及时发现车辆故障隐患。

特别提示：《道路交通安全法实施条例》中与机动车辆年检相关规定如下。

第十六条 机动车应当从注册登记之日起，按照下列期限进行安全技术检验：

（一）营运载客汽车5年以内每年检验1次；超过5年的，每6个月检验1次；

（二）载货汽车和大型、中型非营运载客汽车10年以内每年检验1次；超过10年的，每6个月检验1次；

（三）小型、微型非营运载客汽车6年以内免检；超过6年的，每年检验1次；超过15年的，每6个月检验1次；

（四）摩托车4年以内每2年检验1次；超过4年的，每年检验1次；

（五）拖拉机和其他机动车每年检验1次。

2．强制维护

目前，我国对营运车辆实行强制维护制度。车辆运行到规定的行驶里程或间隔时间时，必须进行维护作业。车辆维护包括日常维护、一级维护、二级维护。车辆维护主要对车辆进行清洁、检查、补给、润滑、紧固、调整等作业，除主要总成发生故障外，一般不实施解体作业。

车辆维护的里程或间隔时间由汽车生产厂家确定，每次维护的具体内容及作业要求也参照汽车生产厂家的标准执行。

3．视情修理

视情修理是以车辆实际技术状况为基础的修理方式，车辆修理的作业范围和深度必须先通过检测诊断后确定。视情修理体现了技术与经济相结合的原则，既能防止拖延修理造成车况恶化，又能避免提前修理造成浪费。

知识拓展二

车辆识别代码和系列号

一、车辆识别代码

车辆识别代码（vehicle identification number）简称VIN，包含了车辆的生产厂家、年代、车型、车身类型及代码、发动机代码及组装地点等信息，是每辆汽车唯一的“身份”识别信息，对于我们正确地识别车型，正确地进行保养、诊断和维修都是十分重要的。丰田卡罗拉车辆识别代码、制造商标签及发动机系列号在车上的位置如图1-34所示，车辆识别代码的组成及含义如图1-35所示，国家或地区代码如表1-6所示，常见的汽车制造厂代码如表1-7所示，车辆生产年份代码如表1-8 所示。

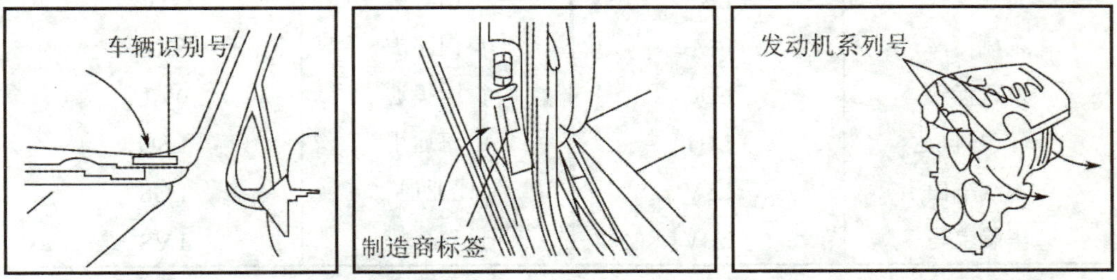

图1-34　车辆识别代码、制造商标签及发动机系列号在车上的位置

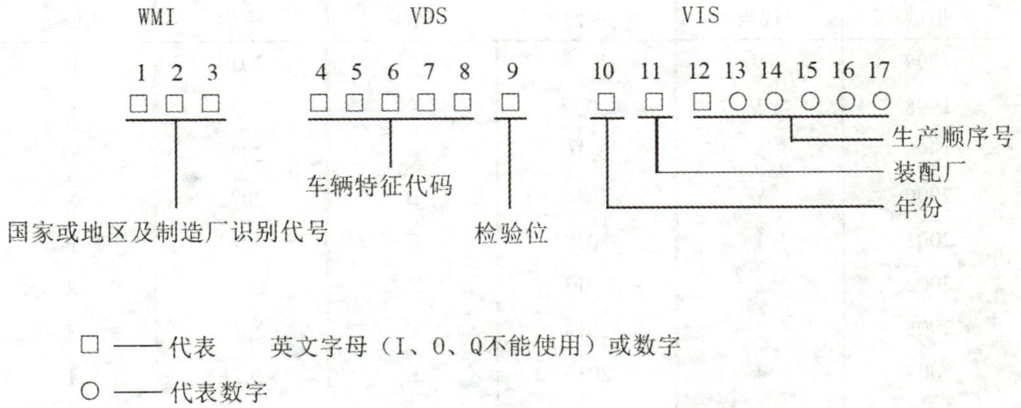

图1-35　车辆识别代码的组成及含义

表 1-6　国家或地区代码

代码	国家或地区	代码	国家或地区
1	美国	J	日本
2	加拿大	S	英国
3	墨西哥	K	韩国
4	美国	L	中国
6	澳大利亚	V	法国
9	巴西	R	中国台湾
W	德国	Y	瑞典
T	瑞士	Z	意大利

表 1-7　常见的汽车制造厂代码

汽车制造厂	代码	汽车制造厂	代码
上海大众	LSV	日本丰田	JTD
一汽大众	LFV	美国林肯	1LN
广汽丰田	LTV	德国大众	WVW
广汽本田	LHG	德国宝马	WBA
北京现代	LBE	德国奔驰	WDB
东风日产	LGB	英国路虎	SAL
东风标致	LDC	德国奥迪	WAU
一汽马自达	LH1	上海通用	LSG
一汽丰田	LTV	比亚迪	LGS
华晨宝马	LBV	长安福特	LVS

表 1-8　车辆生产年份代码

年份	代码	年份	代码	年份	代码
1997	V	2008	8	2019	K
1998	W	2009	9	2020	L
1999	X	2010	A	2021	M
2000	Y	2011	B	2022	N
2001	1	2012	C	2023	P
2002	2	2013	D	2024	R
2003	3	2014	E	2025	S
2004	4	2015	F	2026	T
2005	5	2016	G	2027	V
2006	6	2017	H	2028	W
2007	7	2018	J	2029	X

例如，装备发动机排量为 2.8L 的奥迪 A6L 型轿车，采用四门折背式车身、汽油发动机、手动变速器，检验位为 8，2000 年由中国一汽大众汽车有限公司总装配厂下线的第一辆轿车的 VIN 为 LFV5A14B8Y3000001，如图 1-36 所示，其代码的详细说明如图 1-37 所示。

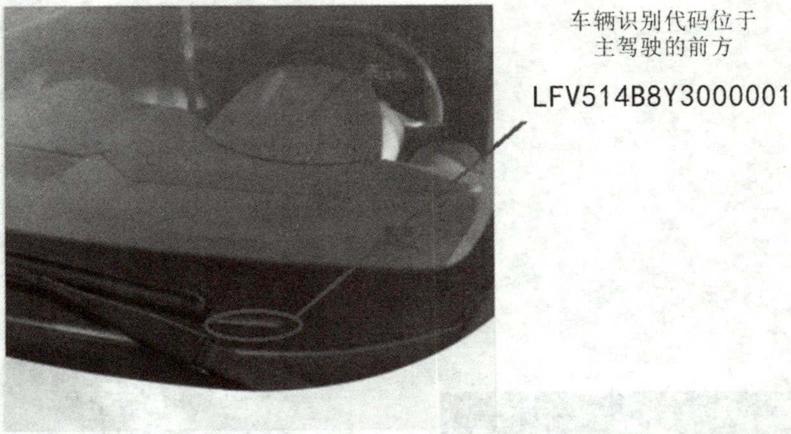

图 1-36　某辆一汽大众奥迪 A6L 型轿车 VIN

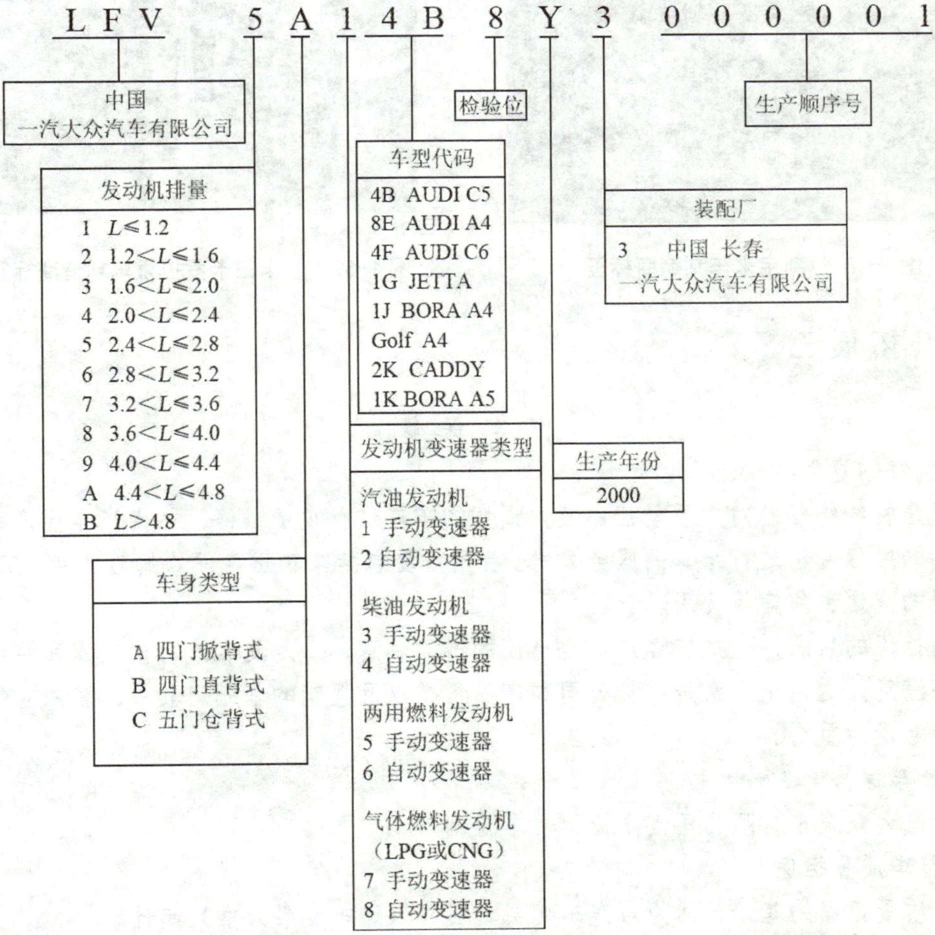

图 1-37　某辆一汽大众奥迪 A6L 型轿车 VIN 的详细说明

二、制造商标签（车辆铭牌）

一汽大众汽车有限公司生产的新宝来车制造商标签位于发动机舱内左悬挂支座上，如图 1-38 所示。丰田卡罗拉轿车制造商标签位于副驾驶侧 B 柱上，如图 1-39 所示。

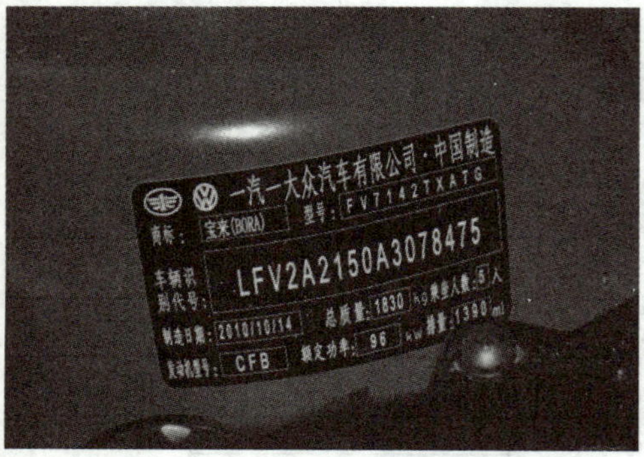

图 1-38　新宝来车制造商标签

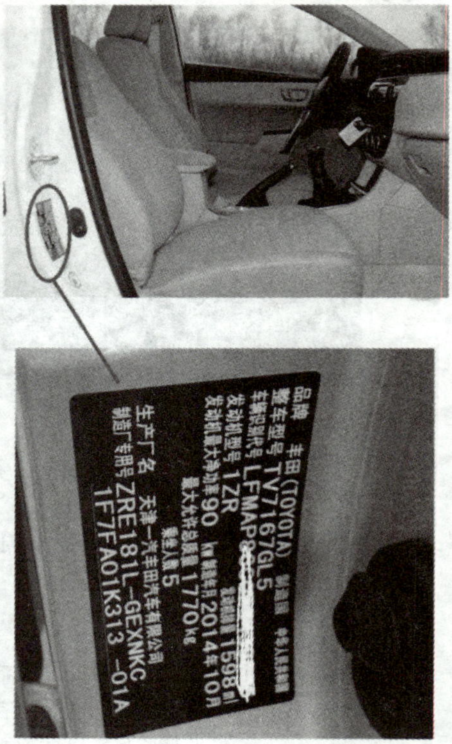

图 1-39　丰田卡罗拉轿车制造商标签

知识拓展三

汽车保修

1．保修的意义

保修是特约维修站对在质量担保期内损坏的车辆进行免费维修，并由汽车生产商对特约维修站的维修费用进行结算的服务方式。费用主要包括车辆正常保修的材料费、工时费，外出救援的交通、住宿等费用。

质量担保的目的，一是使客户对生产商的产品满意，二是使客户对生产商和经销商的售后服务满意，这两个因素是维护公司和产品信誉以及促销的基础。其中，客户对售后服务是否满意最为重要。

2．整车保修

以一汽大众汽车有限公司大众捷达轿车为例。

1）整车质量担保

整车质量担保的起始时间为自汽车购买之日（以购车发票为准）起计。

①属于出租营运用的新购捷达轿车质量担保期为 12 个月或 100000 km（以先达到者为

准）。

②除出租营运外的所有其他用途的新购捷达轿车质量担保期为24个月或60000 km（以先达到者为准）。

③质量担保期内，若客户变更轿车用途，轿车享受原质量担保期，期限和里程不做变更。

2）整车保修条例

因产品质量原因造成的故障无法消除，而其他补救措施对客户而言又不尽合理，在这种情况下给客户换车是恰当的做法，也是建议采用的措施。

3）以下情况可以申请整车保修

①车辆故障由重大的产品质量缺陷引起，且故障无法完全排除。

②车辆故障由重大的产品质量缺陷引起，车辆的修复达不到国家相关技术标准。

③客户提车不超过24 h，就发现重大车辆故障（由客户提出后，经公司质保、产品及售后等技术部门确认后，确属质量缺陷，而客户强烈要求换车的）。

4）以下情况不能整车保修

①车辆行驶超过质量担保期。

②车辆没有按规定定期保养或操作，使用不当。

③车辆发生过交通事故。

遇特殊情况需办理保修的，经销商必须请示汽车生产商的售后服务及其主管部门批准，签字生效后办理。

3．配件保修

以一汽大众汽车有限公司大众捷达轿车为例。

1）配件质量担保

零件自从一汽大众特约经销商购买（以发票为准）并在特约经销商处安装之日起，质量担保期为12个月或100000 km（以先达到者为准）。

2）捷达特殊件的质量担保期（以先达到者为准）

控制臂球头销为12个月或60000 km。

前后减振器为12个月或60000 km。

等速万向联轴器为12个月或60000 km。

喇叭为12个月或60000 km。

蓄电池为12个月或100000 km。

氧传感器为12个月或70000 km。

防尘套（横拉杆、万向联轴器）为12个月或60000 km。

三元催化转换器为24个月或50000 km。

3）捷达易损件的质量担保期（以先达到者为准）

灯泡为6个月或5000 km。

轮胎为6个月或5000 km。

火花塞为6个月或5000 km。

全车玻璃件为6个月或5000 km。

前制动摩擦衬片、后制动蹄片为 6 个月或 5000 km。

雨刮片为 1 个月或 1000 km。

4）不属于质量担保范围的情况

①车辆在非一汽大众特约经销商维修过。

②车辆装有未经一汽大众许可使用的零部件，或车辆未经一汽大众许可改装过。

③车辆使用中未遵守使用说明书、保养手册、7500 km 免费保养凭证的使用规定或超负荷使用（如用作赛车）。

④由于使用不当或滥用车辆造成的损坏。

⑤交通事故造成的损坏。

5）其他条件

①由于经销商本身操作不当造成的损伤，经销商应承担责任并进行必要的修复。

②一汽大众的售后服务网络必须使用一汽大众配件科提供的指定型号机油，否则不给予首保费用和办理发动机及相关配件的保修。

③保修期间的间接损失（车辆租用费、食宿费、营业损失等）均不予赔偿。

④质量担保指根据技术要求进行修复或更换，更换下的零部件归一汽大众汽车有限公司所有。

⑤经销商从一汽大众汽车有限公司配件科订购的配件在未装车之前发生故障，请各经销商向一汽大众汽车有限公司配件科申请保修。

⑥关于常规保养。一汽大众汽车有限公司或客户已支付保养费用，经销商有责任为客户的车辆做好每一项保养工作。如果客户在车辆由经销商保养后，对保养项目提出保修要求，应由经销商自行受理该保修业务。

知识拓展四

汽车召回

召回指按照《缺陷汽车产品召回管理规定》要求的程序，由缺陷汽车生产商进行的消除其产品可能引起人身伤害、财产损失的过程，包括生产商以有效方式通知经销商、维修商、车主等有关方面关于缺陷的具体情况及消除缺陷的方法等事项，并由生产商组织经销商、维修商等通过维修、更换、收回等具体措施有效消除其汽车产品缺陷的过程。

国家质量监督检验检疫总局（以下称主管部门）负责全国缺陷汽车召回的组织和管理工作。国家发展和改革委员会、商务部、海关总署等国务院有关部门在各自职责范围内，配合主管部门开展缺陷汽车召回的有关管理工作。各省、自治区、直辖市质量技术监督部门和各直属检验检疫机构（以下称地方管理机构）负责组织本行政区域内缺陷汽车召回的监督工作。主管部门会同国务院有关部门组织建立缺陷汽车产品信息系统，负责收集、分析与处理有关缺陷的信息。经营者应当向主管部门及其设立的信息系统报告与汽车产品缺陷有关的信息。主管部门应当聘请专家组成专家委员会，并由专家委员会实施对汽车产品缺陷的调查和认定。根据专家委员会的建议，主管部门可以委托国家认可的汽车产品质量检验机构实施有关汽车产品缺陷的技术检测。专家委员会对主管部门负责。主管部门应当对生产商进行的召回过程加以监督，并根据工作需要部署地方管理机构进行有关召回的监督工作。生产商或者主管部门应当针对已经确认的汽车产品存在缺陷的信息及实施召回的有关信息，在主管部门指定的媒体上向社会公布。缺陷汽车产品信息系统和指定媒体发布的缺陷汽车产品召回信息，应当客观、公正、完整。从事缺陷汽车召回管理的主管部门及地方管理机构和专家委员会、检验检疫机构及其工作人员，在调查、认定、检验等过程中应当遵守公正、客观、公平、合法的原则，保守相关企业的技术秘密及相关缺陷调查、检验的秘密；未经主管部门同意，不得擅自泄露相关信息。

一、缺陷汽车产品召回的期限

整车为自交付第一个车主之日起，至汽车生产商明示的安全使用期止；汽车生产商未明示安全使用期的，或明示的安全使用期不满10年的，为自经销商将汽车产品交付第一个车主之日起10年止。

汽车产品安全性零部件中的易损件，明示的使用期限为其召回时限；汽车轮胎的召回期限为自交付第一个车主之日起3年止。

二、判断汽车产品缺陷的原则

（1）经检验检疫机构检验安全性能存在不符合有关汽车安全的技术法规和国家标准的。

（2）因设计、制造上的缺陷已给车主或他人造成人身、财产损害的。

（3）虽未造成车主或他人人身、财产损害，但经检测、试验和论证，在特定条件下缺陷仍可能引发人身或财产损害的。

三、缺陷汽车产品召回程序

按照生产商主动召回和主管部门指令召回两种程序的规定进行。

生产商自行发现，或者通过企业内部的信息系统，或者通过经销商、维修站和车主等相关各方关于其汽车产品缺陷的报告和投诉，或者通过主管部门的有关通知等方式获知缺陷存在，可以将召回计划在主管部门备案后，按照本规定中主动召回程序的规定，实施缺陷汽车产品召回。

生产商获知缺陷存在而未采取主动召回行动的，或者生产商故意隐瞒产品缺陷的，或者以不当方式处理产品缺陷的，主管部门应当要求生产商按照指令召回程序的规定进行缺陷汽车产品召回。

知识拓展五

3C认证、召回、三包之间的关系和区别

一、3C认证

3C认证是“中国强制性产品认证”的简称，英文名称为China Compulsory Certification，3C认证标志如图1-40所示。

3C认证是我国政府按照世贸组织有关协议和国际通行规则，为保护广大消费者人身和动植物生命安全，保护环境、保护国家安全，依照法律法规实施的一种产品合格评定制度。主要特点是：国家公布统一目录，确定统一适用的国家标准、技术规则和实施程序，制定统一的标志标识，规定统一的收费标准。凡列入强制性产品认证目录内的产品，必须经国

家指定的认证机构认证合格，取得相关证书并加施认证标志后，方能出厂、进口、销售和在经营服务场所使用。

3C认证是中国质检总局和国家认监委与国际接轨的一个先进标志，有着不可替代的重要性。从2002年5月1日起，国家认监委开始受理第一批列入强制性产品目录的19大类132种产品的认证申请。汽车及其安全附件、轮胎在此之列。

3C认证标志并不是质量标志，而只是一种基础的安全认证标志。

图1-40　3C认证标志

二、“召回”与“三包”

认证是市场的准入制度，属于前市场管理，而召回属于后市场管理。但是，产品经过认证不等于就已经进入保险箱。一些在设计或制造时造成的缺陷只有在汽车使用过程中才能发现，发现后可以用召回的方式来消除这些可能损害人身、财产安全的缺陷。三包针对的是个别的、偶然的问题；召回解决的是某一批次中同一性的不合理危险。

1.“召回”与“三包”要解决的问题不同

“召回”要面对的，是由于设计或制造原因而造成的质量缺陷；“三包”是针对个别消费者的个别问题。

2.“召回”和“三包”适用法律不同

实施“召回”是政府按照被授予的权力依法行政，属于行政法律责任，“三包”规定中既有行政法规的规范性要求，也有《民法》中违约者要承担民事法律责任的内容。

3.“召回”和“三包”的立法宗旨不同

“召回”是为了捍卫公共利益，“三包”是为了防止经营者损害个体消费者的利益。

项目 2　汽车发动机的维护与保养

【项目导读】

❖ 知识目标

（1）掌握发动机进排气系统维护与保养方法。

（2）掌握发动机燃油供给系统维护与保养方法。

（3）掌握发动机点火系统维护与保养方法。

（4）掌握发动机润滑系统维护与保养方法。

（5）掌握发动机冷却系统维护与保养方法。

（6）掌握发动机 V 带与正时皮带维护与保养方法。

❖ 能力目标

（1）能正确对发动机进排气系统进行维护与保养。

（2）能正确对发动机燃油供给系统进行维护与保养。

（3）能正确对发动机点火系统进行维护与保养。

（4）能正确对发动机润滑系统进行维护与保养。

（5）能正确对发动机冷却系统进行维护与保养。

（6）能正确对发动机 V 带与正时皮带进行维护与保养。

任务 1　发动机进排气系统的维护与保养

【任务导入】

发动机进排气系统直接影响发动机动力性能好坏，因此要定期对发动机进排气系统进行维护与保养。

【相关知识】

发动机进排气系统的维护与保养是指对空气滤清器、节气门、进气歧管、曲轴箱通风装置、三元催化器等总成进行维护与保养。

一、空气滤清器的维护与保养

当发动机工作时，如果吸入的空气中含有灰尘等杂质就将加剧气缸和活塞的磨损，缩短发动机的使用寿命。所以发动机进气系统必须装有空气滤清器。

发动机进气系统对空气滤清器的要求是过滤效率高、流动阻力小且能较长时间连续使用而无须保养。

现代汽车基本上都采用纸质空气滤清器，不同车型的空气滤清器使用寿命可达 3000～80000 km，空气滤清器在使用过程中不需要保养， 按照车辆保养手册规定的保养周期定期更换即可。对于风沙灰尘较大的地区，按照保养手册规定的行驶里程适当提前更换空气滤清器。

空气滤清器的安装位置如图 2-1 所示，结构如图 2-2 所示，更换方法如图 2-3 所示，打开锁紧空气滤清器上下两壳体的卡扣即可取出空气滤清器。当空气滤清器壳体打开后换上新的空气滤芯前，再用高压空气对空气滤清器壳体进行清理。

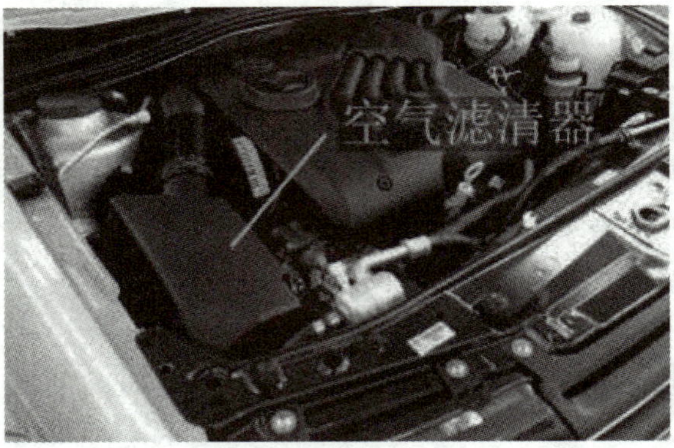

图 2-1　空气滤清器的安装位置

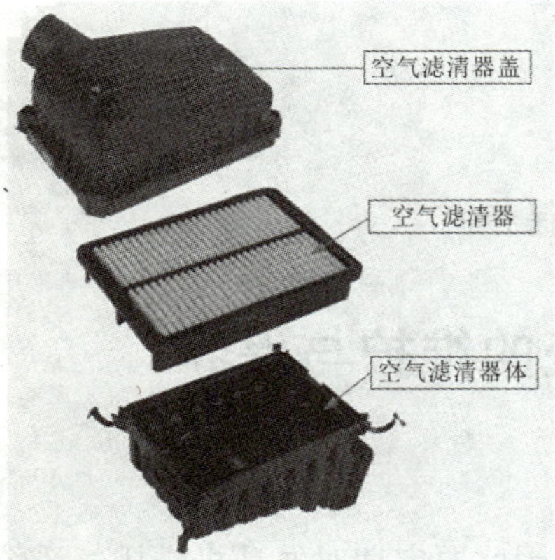

图 2-2　空气滤清器的结构

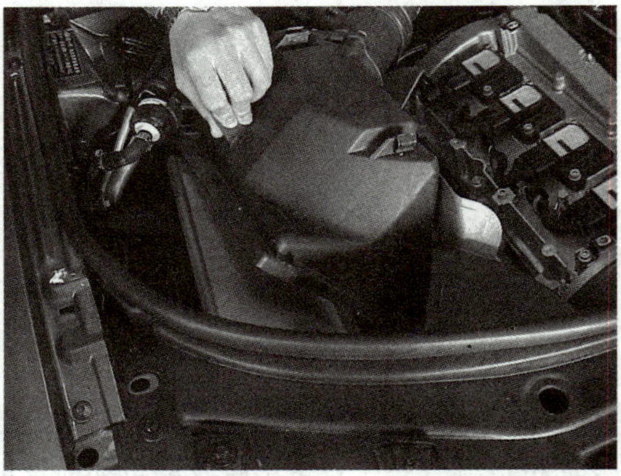

图 2-3　空气滤清器更换方法

二、节气门的维护与保养

节气门是控制空气进入发动机的一个阀门，空气先通过空气滤清器，然后经过节气门进入发动机，通过节气门开度的变化控制进入发动机的空气量，从而改变发动机的动力。节气门开度由节气门拉线或节气门马达控制，节气门拉线通过油门踏板由驾驶员控制，而节气门马达则由发动机 ECU 控制，发动机 ECU 根据油门踏板位置传感器的信号来控制节气门的开度。节气门在车上的安装位置如图 2-4 所示。

汽车发动机行驶几万千米后有可能出现怠速不稳的故障，这是由于节气门脏污所导致的。节气门脏污的主要原因是发动机的曲轴箱内含有油质的废气需要经过节气门再进入发动机燃烧室被燃烧掉，这些含有油质的废气与空气中少量的灰尘结合，附着在节气门表面，随着发动机的工作时间增长，积累的脏物越来越多，最后在节气门表面形成了油泥（积炭），导致节气门关闭不符合设定的标准，从而影响发动机怠速运转。

正常的节气门与脏污后的节气门对比如图 2-5 所示。在汽车例行保养过程中，对节气门清洗不做强制规定，一般可视情况而定，如果发动机有怠速不稳的故障现象出现，则可以进行节气门清洗处理，如果故障现象没有消失，则需要对怠速阀或节气门马达做进一步检测。

图 2-4　节气门在车上的安装位置

正常情况下的节气门　　　　脏污后的节气门

图 2-5　节气门正常情况与脏污后情况对比

汽车节气门的维护与保养工作主要内容就是清洗节气门，清洗节气门时最好是拆下来清洗。清洗节气门的步骤如下（以德国大众车为例）。

（1）拔掉曲轴箱通风管。

（2）拆下节气门前部进气管道（或者拆下空气滤清器壳体、滤芯及空气滤芯的底座）。

（3）拆下节气门的线束连接器。

（4）先将节气门的四个螺钉拧松，然后慢慢拆下节气门，节气门结构如图 2-6 所示。

（5）用化油器清洗剂清洗。对着节气门阀片、节气门轴、节气门内壁喷清洗剂、节气门阀片正反两面都要清洗干净。注意不要使清洗液进入传感器等电器部件内部，否则会造成电器部件损坏；也不要用清洗液清洗橡胶密封垫。

图 2-6　节气门结构

注意事项：

如果想将节气门打开，切忌用手强行扳开节气门，那样会损坏节气门里面的齿轮及限位机构。打开节气门的正确方法是将节气门线束连接器接到节气门上，将点火开关打到 ON 挡，用脚踩油门踏板即可控制节气门的开度。

（6）清洗结束后，按照相反的顺序装回节气门。

（7）初始化。由于节气门清洗后怠速时的开度发生变化了，这样将引起发动机怠速的变化，因此，节气门在清洗后需要进行初始化匹配，利用电脑诊断仪选择发动机模块，进入基本设定即可进行匹配。

节气门匹配方法如下：

确认发动机达到正常工作温度，发动机 ECU 中无故障码，关闭所有用电设备及空调。

连接诊断仪，并在默认快速数据传输模式下键入“01”地址，进入“发动机控制单元”，诊断仪屏幕显示内容如下。

06A　906018G1.6L　R4/5V	Motr	→
299VXX		
Coding 04000	WSC 00001	

06A 906018G1.6L R4/5V　发动机		→
299VXX 编码　04000	WSC 00001	

按“→”键后诊断仪屏幕显示内容如下。

Rapid data transfer	HELP
Select function　××	

快速数据传递	帮助
选择功能　××	

键入“04”选择“基本设置”功能，然后按 Q 键，诊断仪屏幕显示内容如下。

Basic setting	HELP
Feed in display group number　×××	

基本设置	帮助
输入显示组别号码　×××	

键入组号“098”后，按 Q 键确认，诊断仪屏幕显示内容如下。

Systen in basic setting　98		→
×.××× V　×.××× V	Iding ADP .runs	

系统基本设置　98		→
×.××× V　×.××× V	怠速 ADP .运行	

此时，节气门调节器进入 min 及 max 位置运行，控制单元将最大及最小的节气门角度储存到永久性储存器中，该过程持续最多 10 s，紧接着节气门短时间处于启动位置，然后关闭。基本设置完成后，诊断仪屏幕显示内容如下。

Systen in basic setting　98		→
×.××× V　×.××× V	Iding ADP .ok	

系统基本设置　98		→
×.××× V　×.××× V	怠速 ADP .ok	

基本调整结束后，退回功能选择菜单，键入“06”，进入结束输入功能，按 Q 键退出发动机控制系统。

三、进气歧管与发动机燃烧室维护与保养

随着汽车行驶里程的增加，发动机进气歧管内壁表面也会形成积炭。这些地方轻微积炭可以采用免拆清洗的方法进行，如果积炭严重，免拆清洗方法是无效的，这样就需要进

一步拆解清洗。

1. 免拆解清洗

如图 2-7 所示为进气歧管与发动机燃烧室免拆清洗积炭设备。

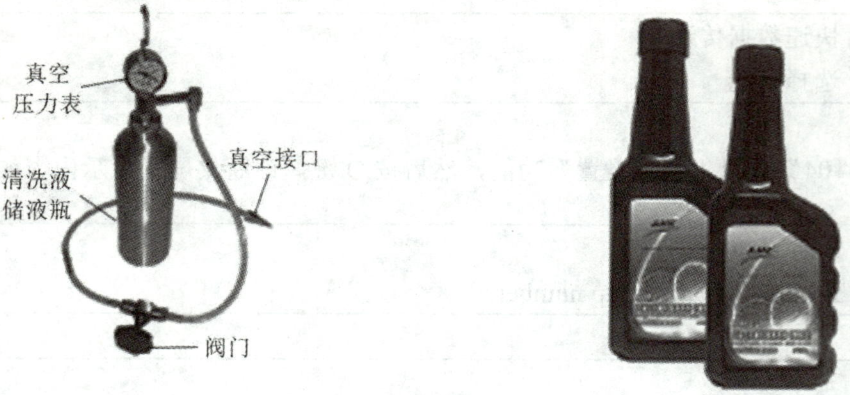

图 2-7　进气歧管与发动机燃烧室免拆清洗积炭设备

①关闭清洗设备调节阀，将进气系统免拆清洗剂倒入专用清洗吊瓶中，如图 2-8 所示。

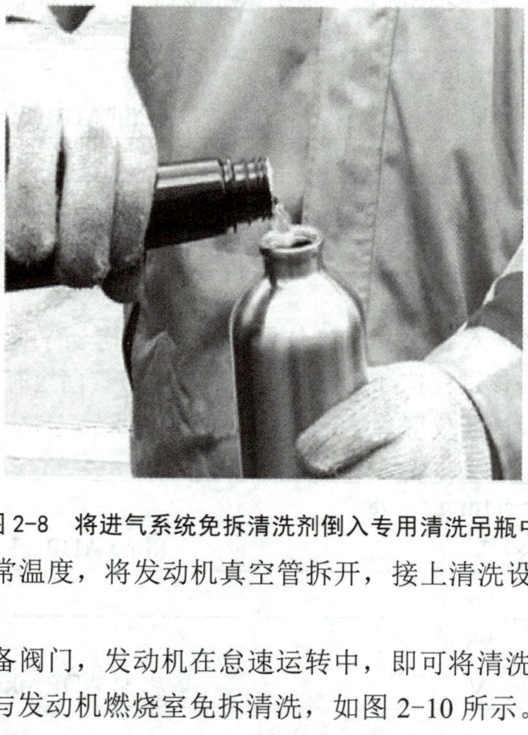

图 2-8　将进气系统免拆清洗剂倒入专用清洗吊瓶中

②启动发动机至正常温度，将发动机真空管拆开，接上清洗设备真空接口，如图 2-9 所示。

③然后打开清洗设备阀门，发动机在怠速运转中，即可将清洗剂慢慢吸入引擎进气道中，开始进行进气歧管与发动机燃烧室免拆清洗，如图 2-10 所示。

清洗时如果清洗剂流量过快，尾气容易产生黑烟或者熄火，这时要将流量调节到合适位置。发动机的清洗时间一般需要 30～50 min。

④清洗完毕后关闭发动机，拆下清洗设备，恢复发动机。

⑤再次启动发动机，直接加速至 3000 r/min 左右，反复操作 5～10 次，整个清洗过程完成。

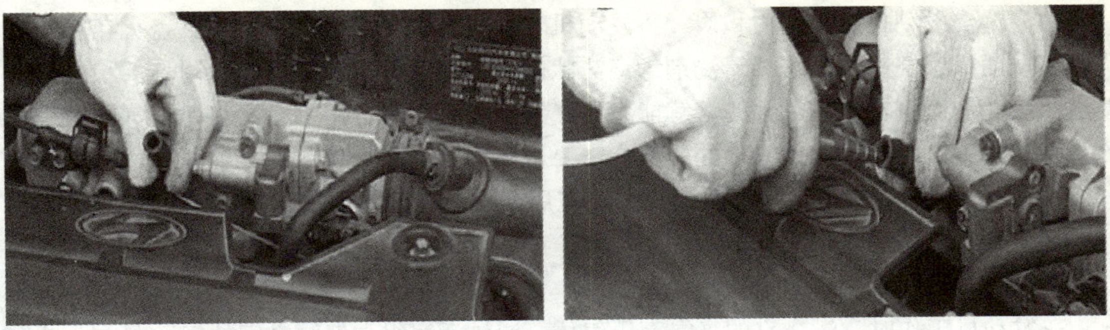

图 2-9　接上清洗设备真空接口

图 2-10　进气歧管与发动机燃烧室免拆清洗

2．拆解清洗

如果积炭过多，最好是拆解清洗，方法如下。

（1）首先将发动机周围附件全部拆下，包括空气滤清器及进气软管、节气门与进气歧管、分配油管与喷油器、点火线圈及火花塞等。

（2）然后将进气歧管拆下，将发动机气门室口露出，如图 2-11 所示。

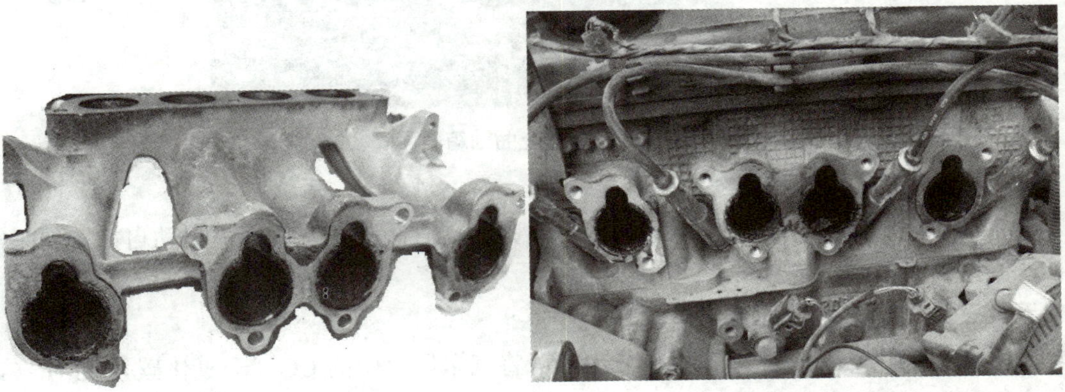

（a）进气歧管　　（b）发动机气门室口

图 2-11　进气歧管与发动机气门室口

（3）清洗发动机燃烧室内积炭。将发动机专用清洗剂从进气道以及气缸盖火花塞安装孔打入发动机燃烧室内，这种清洗剂为泡沫状，可以将气缸内和进气道内附着的积炭充分浸泡。清洗剂对积炭有比较强的溶解能力，浸泡一段时间后，用真空泵将每个气缸内积存的清洗液吸出，发动机气门室口处的积炭需要用小钢刷清除。

（4）进气歧管内积炭。用清洗剂充分浸泡后，用钢刷、螺丝刀刮除积炭。积炭清净后，再用化油器清洗剂清洗表面，最后用抹布擦干净即可。

四、曲轴箱通风装置的维护与保养

在发动机工作时，燃烧室的高温高压气体，通过活塞组与气缸之间的间隙漏入曲轴箱内，这部分气体的成分有未燃烧的燃油、水蒸气和废气等。未燃烧的燃油会稀释机油，降低机油的使用性能，加速机油的氧化、变质；水蒸气凝结在机油中会形成油泥，阻塞油路；废气中的酸性气体混入润滑系统，会导致发动机零件的腐蚀和加速磨损；窜气还会使曲轴箱的压力过高而破坏曲轴箱的密封，使机油渗漏流失。因此，发动机安装了曲轴箱通风装置，确保发动机曲轴箱内的气体重新进入燃烧室参与燃烧。

1．曲轴箱通风系统检查

（1）从发动机气门室盖上拆下曲轴箱通风阀（PCV 阀），如图 2-12 所示。

（2）保持曲轴箱通风阀另一端通过通气软管与发动机进气室相连。

（3）启动发动机，怠速运转。

（4）将手指压在曲轴箱通风阀开口处，感觉手指是否受到吸引作用，确认进气歧管真空度。若真空度足够，抬起手指时应有气流响声。

（5）如果未感觉到真空时，则清洁或更换曲轴箱通风阀。

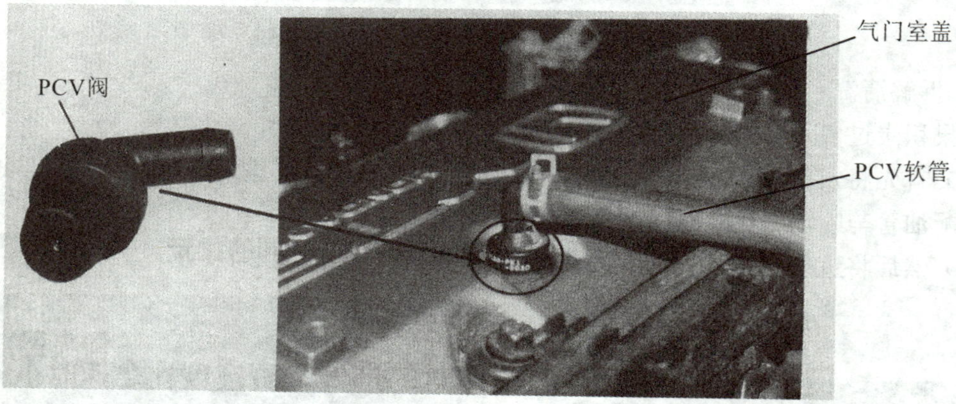

图 2-12　发动机气门室盖上曲轴箱通风阀（PCV 阀）

2．检查阀的运动情况

拆下曲轴箱通风阀，用木质细杆插入单向阀，这时阀的柱塞应前后运动自如。如果阀的柱塞不动，应清洗或更换。

五、三元催化转化器的维护与保养

三元催化转化器安装在排气管前节，它可将汽车尾气中的 CO（一氧化碳）、C_xH_y（碳氢化合物）和 NO_x（氮氧化物）等有害气体通过氧化和还原作用转变为无害的 CO_2（二氧化碳）、H_2O（水）和 N_2（氮气）。C_xH_y、CO 是有毒气体，过多吸入会导致死亡，而 NO_x 会直接导致光化学烟雾的发生。

三元催化转化器以陶瓷为载体，在多孔陶瓷表面覆盖着一层铂、铑、钯等贵重金属作为催化剂。常温下三元催化转化器不具备催化能力，其催化剂必须加热到一定温度才具有氧化或还原的能力，正常工作温度一般在400～800 ℃。

三元催化转化器只要正确使用，一般不需要维护与保养。但若使用不当，可能导致失效。

1. 三元催化转化器失效的原因

（1）排气管温度超过正常工作温度。汽车在使用过程中，由于单缸工作不好，未燃烧的混合气进入排气管中在催化转化器表面燃烧，造成排气温度过高，影响催化转化器的效能。

（2）三元催化转化器对硫、铅、磷、锌等元素非常敏感，硫和铅来自于汽油，磷和锌来自于润滑油，这四种物质及它们在发动机中燃烧后形成氧化物颗粒易被吸附在催化剂的表面，使催化剂无法与废气接触，从而失去了催化作用，即所谓的"中毒"现象。因此，不能使用不合格的汽油，不合格的汽油中可能含有铅。而当汽车尾部冒蓝烟时，说明机油进入燃烧室，发动机出现了烧机油的现象，这时应尽快处理发动机烧机油的问题。

（3）当汽车经常在低温状态工作时，三元催化转化器无法启动，发动机排出的炭烟会附着在催化剂的表面，造成催化剂无法与CO和C_xH_y接触，三元催化转化器的孔隙将被堵塞，使其转化效能受到影响。因此，发动机不要长时间怠速运行，如果等待超过几分钟就要关闭发动机。

（4）三元催化转化器对污染物的转化能力是有一定限度的。如果排放的废气污染物浓度过高、总量过大，将会影响催化转化器的能力，降低其转化效率。因此首先要保证进入燃烧室的混合气浓度为最佳空燃比(14.7∶1)，还要保证氧传感器工作正常，只有氧传感器正常工作时，发动机控制单元才能将混合气控制在最佳空燃比。

（5）三元催化转化器与发动机不匹配。即使是同样的发动机，同样的三元催化转化器，车型不同，发动机常用的工作区间也不同，排气状况就会发生变化。因此，当需要更换三元催化转化器时，应使用与原车相匹配的三元催化转化器。

（6）行驶在不平整的道路时应特别注意不要"托底"，因为三元催化转化器内部都是蜂窝陶瓷，碰撞后容易破碎。

（7）在保养检查时，应做好对三元催化转化器的检查工作。检查内容有：排气管内部有无异响、排气管有无开裂或外壳压扁之类的外观损坏。

2. 三元催化转化器的清洗

在发动机保养时，若经过诊断确定三元催化转化器失效，可以对三元催化转化器进行清洗处理。使用的清洗剂由真空进气管吸入发动机，通过燃烧室、排气管到达三元催化转化器，在一定温度下，与三元催化转化器表面的覆盖物发生化学反应，以达到清洁目的。清洗方法如下。

（1）启动发动机，待水温正常后将发动机熄火；

（2）将清洗剂倒入专用清洗吊瓶中，将设备输出接头与真空管连接，如图2-13（b）所示；

（3）启动发动机，将转速控制在2000 r/min左右，打开流量控制阀，将本品缓慢滴入进气道。清洗时间通常为30～40 min；

（4）清洗结束后继续保持发动机运转 3～5 min，以排出残液。

（a）三元催化转化器清洗剂　　（b）三元催化转化器清洗方法

图 2-13　三元催化转化器清洗剂及清洗方法

【任务实施】

一、准备工作

发动机进排气系统维护与保养需要准备的工作内容如表 2-1 所示（以小组为单位）。

表 2-1　发动机进排气系统维护与保养准备工作清单

场地准备	工量具（备件）准备	资料准备
对应小组数量：实训工位、对应数量的课桌椅、写字板 、发动机、举升机等	1．实训车辆； 2．吹尘枪、清洗壶、丝绵或抹布、气带、钢刷等； 3．成套工具； 4．三件套、翼子板防护罩； 5．发动机电脑检测仪； 6．进气道与燃烧室免拆清洗设备； 7．化油器清洗剂若干瓶； 8．进气道免拆清洗液； 9．三元催化转化器清洗剂； 10．空气滤芯； 11．发动机专用清洗剂	发动机维修保养手册

二、实施步骤

1．发动机预检

各小组根据任务情况对发动机进行预检，参考维修手册完成表 2-2 的内容。小组共同完成所有工作任务，每个工作任务要有明确的分工，要有具体负责人。

工作中要使用三件套及翼子板防护罩，使用举升机时要确认在支撑点位置将车辆升起。

表 2-2　发动机进排气系统维护与保养工作任务要点及分工

作业顺序	任务	工具、工作要点、注意事项	预检结果		负责人
			维护与保养	更换	
1	更换空气滤清器				
2	清洗节气门				
3	清洗进气歧管				
4	曲轴箱通风装置的检查				
5	三元催化转化器的检查与清洗				

2．发动机舱清洁

在做发动机保养时，应先用高压空气对发动机舱进行清洁，重点清洁发动机周围，防止灰尘和其他有害物质落入进气道中。

3．完成工单

小组在完成所有任务之后，填写工单，如表 2-3 所示。

表 2-3 发动机进排气系统维护与保养工单

姓名		班级		学号		小组		工位	
车辆型号		VIN		发动机型号		行驶里程		发动机排量	

工作任务：发动机进排气系统维护与保养

1. 更换空气滤清器

实操步骤：

2. 清洗节气门

实操步骤：

3. 清洗进气歧管

实操步骤：

4. 曲轴箱通风装置的检查

实操步骤：

5. 三元催化转化器的检查与清洗

实操步骤：

存在的问题：

教师评语：

年 月 日

任务 2　发动机润滑系统的维护与保养

【任务导入】

润滑系统的任务就是将清洁的、具有一定压力的机油不断供给运动零件的摩擦表面，使发动机能够正常工作。

机油在工作一段时间以后，机油中将混有摩擦产生的金属磨屑和其他机械杂质以及机油本身产生的胶质，这些杂质如果随同机油进入润滑油道，将加速发动机的磨损，还可能堵塞油路。因此，为保证发动机可靠工作，需要定期对发动机润滑系统进行维护与保养，润滑系统保养的主要内容就是更换机油和机油滤芯。

【相关知识】

一、发动机润滑油的作用

发动机润滑油简称机油，主要有以下作用。

（1）润滑作用：润滑油可使运动零件之间形成油膜，减小摩擦阻力和动力损失，并减小机件的磨损。

（2）清洁作用：循环流动的润滑油将摩擦脱落的金属细屑带走，使之不致留在零件之间形成磨料而加剧磨损。

（3）散热作用：循环流动的润滑油将摩擦产生的热量带走，并使运动机件不致因升温过高而烧毁。

（4）密封作用：润滑油在活塞环与气缸壁间形成的油膜，可起到一定的密封作用，减少漏气。

发动机机油对发动机性能有重要的影响，所以应定期对发动机机油做维护与保养。

二、机油的更换周期

由于不同的发动机需要使用不同型号的机油，因此，机油的更换周期以发动机保养手册规定的为准。

三、机油的牌号

机油分汽油机机油和柴油机机油两种。机油的牌号包括两部分：质量等级和黏度等级。质量等级采用 API（美国石油学会）标准；黏度等级采用 SAE（美国汽车工程师协会）标准。

1．机油质量等级（API 标准）

汽油机机油等级标准：SA、SB、SC、SD、SE、SF、SG、SH、SJ、SL、SM、SN 等。级别越靠后，质量标准越高。

柴油机机油等级标准：CA、CB、CC、CD、CE、CF、CF-2、CF-4、CG-4、CH-4、CI-4 等。级别越靠后，质量标准越高。

“S”系列代表汽油发动机用油；“C”系列代表柴油发动机用油；当“S”和“C”两个字母同时存在，则表示此机油为汽油机与柴油机通用。如“S”在前，则主要用于汽油发动机，反之，则主要用于柴油发动机。

2．机油黏度等级（SAE 标准）

目前常用的机油黏度等级为 SAE 5W-40、SAE 5W-30、SAE 10W-30、SAE 10W-40 等几种机油，这几种黏度等级的机油也称为四季机油。其中，“W”表示冬季（winter），其前面的数字越小，说明适应的环境温度越低，更适合发动机在低温条件下使用；同理，后面的数字越高，表示发动机适应的环境温度越高，在高温环境下机油的黏度有可靠的保证。常用的机油黏度等级所对应的环境温度如图 2-14 所示。

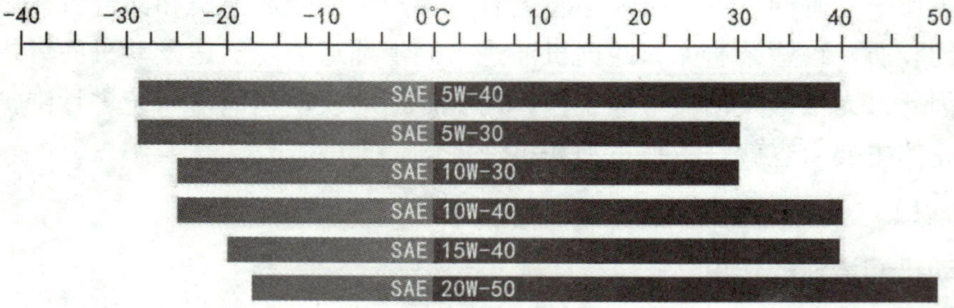

图 2-14　机油黏度等级所对应的环境温度

在选用机油时，要具体考虑发动机结构及环境条件，并参考发动机保养手册推荐的标准来进行。一般情况下，合成机油要好于半合成机油，机油质量等级 API 选择 SL 或 SM，机油黏度等级选择 SAE 5W-40、SAE 5W-30、SAE 10W-30 或 SAE 10W-40，常见机油标号如图 2-15 所示。

图 2-15　机油标号

3．关于 ACEA 标准

目前，在 ACEA（欧洲汽车制造商协会）机油等级标准中，汽油机机油分为 A1、A2、A3 及 A5 四个等级；轻负荷柴油机机油分为 B1、B2、B3、B4 及 B5 五个等级；重负荷柴油机机油分为 E2、E3、E4 及 E5 四个等级，级别越靠后，质量标准越高。

四、机油数量的检查

发动机润滑系统中的机油量是有严格要求的，不能多也不能少。汽车在使用过程中，驾驶员若感觉发动机运转噪声比平常大，就应该到汽车维修保养厂做检查，其中一项就是检查机油数量的变化，检查的方法就是利用发动机的机油尺检查机油油面的高度，由机油油面高度的变化来确定机油量的变化。发动机机油尺的位置如图 2-16 所示。

检查前，应把发动机停放在水平地面上，启动发动机空转 5 min。

停止运转发动机，等待 3 min 后，拔出机油尺并擦干净，重新插入机油尺并再次取出，观察油尺上的油面，正确油面应在上位[F]和下位[L]之间，如图 2-17 所示。

油面高度太高或太低时，应及时查明原因并予以排除。机油油面过低，可能是因为发动机烧机油或漏机油；机油油面过高，可能是冷却水或汽油进入曲轴箱内所致。对这两种情况都需要做进一步检查，否则易加剧发动机磨损或致发动机报废。

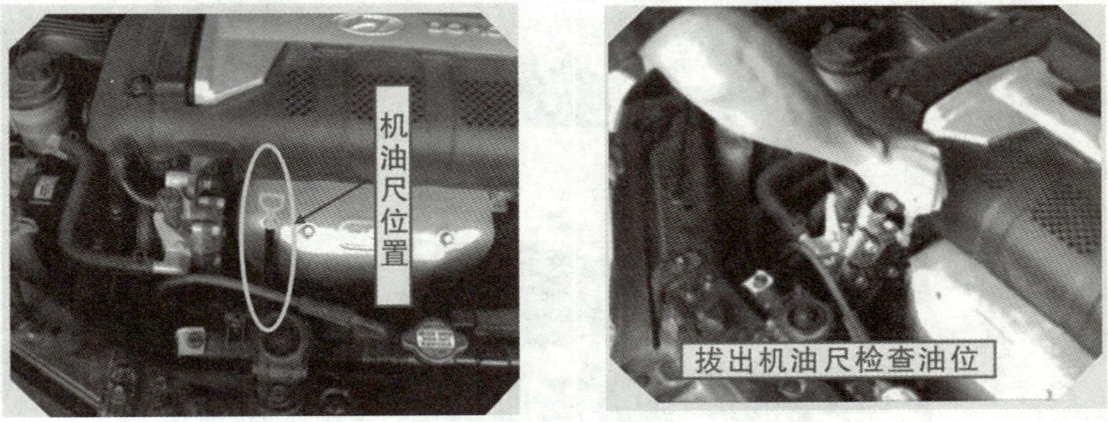

图 2-16　发动机机油尺的位置

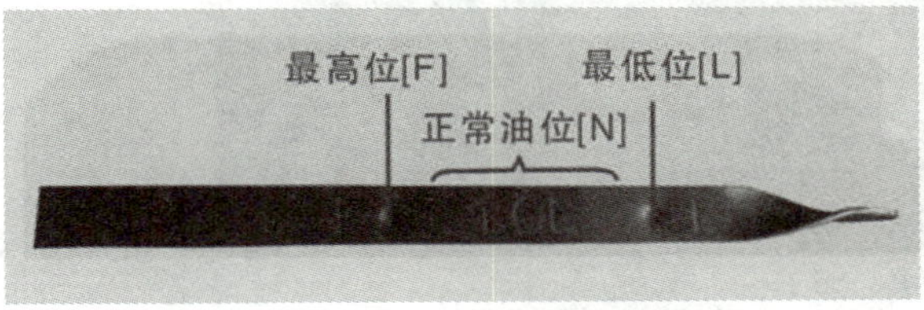

图 2-17　发动机机油尺油面高度检查

五、发动机机油和机油滤清器的维护与保养

按照汽车保养的规定，发动机机油和机油滤清器的更换必须同步进行，发动机机油和机油滤清器的更换步骤如下。

1．选择机油滤清器扳手及废油收集器

机油滤清器扳手如图 2-18 所示，废油收集器如图 2-19 所示。

2．机油的排放

（1）把发动机停在平整的地面上，启动发动机。

（2）当发动机达到正常温度后关闭发动机，拉紧驻车制动器，打开发动机盖，拧下机油加油口盖，如图 2-20 所示。

（3）用举升机升起发动机后，在放油塞下部放置废机油回收器，按逆时针方向旋转放油螺栓，打开放油口，放出机油，如图 2-21 所示。

（4）放完机油后，更换放油塞密封垫，按顺时针方向拧紧放油塞。规定扭矩为 15～20 N · m。

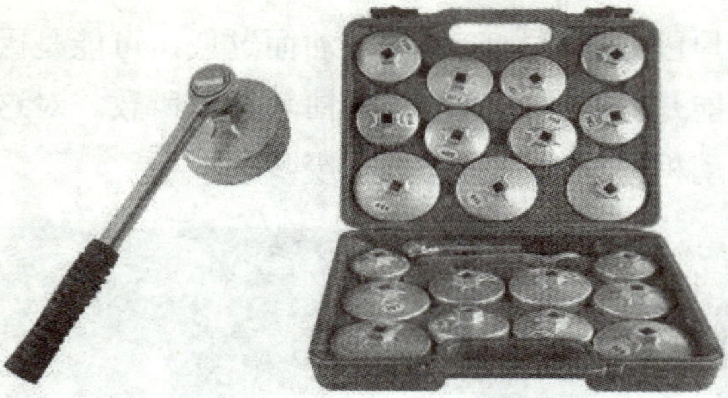

图 2-18　机油滤清器扳手

图 2-19　废油收集器

图 2-20　打开发动机气门室盖上的机油加油口盖

3．更换机油滤清器

当废机油流到最后开始滴油时，方可开始更换机油滤清器。

（1）用机油扳手拆下旧的机油滤清器，如图 2-22 所示。

（2）在新的机油滤清器 O 形圈上涂抹新机油，如图 2-23 所示。

（3）按规定力矩将新的机油滤清器安装在发动机上。

4．加注新机油

更换完滤清器后，按规定力矩拧紧油底壳放油螺塞。然后将车落下，在加注口周围铺上垫布，以防加注机油时机油溅出，按规定量加注机油，如图 2-24 所示。

5．检查油位

拧上发动机加油口盖，使发动机怠速空转 5 min 后停止运转。隔 3 min 后拔出机油尺检查机油油位是否处在正常油位位置。

注意：

机油不足时再加油，油位超过最高油位标记时需抽出过量机油。

6. 检查发动机油底壳

检查发动机油底壳放油螺栓、机油滤清器密封接口处是否有泄漏现象。

7. 清洗

用化油器清洗剂清洗工作表面的油污，如图 2-25 所示。

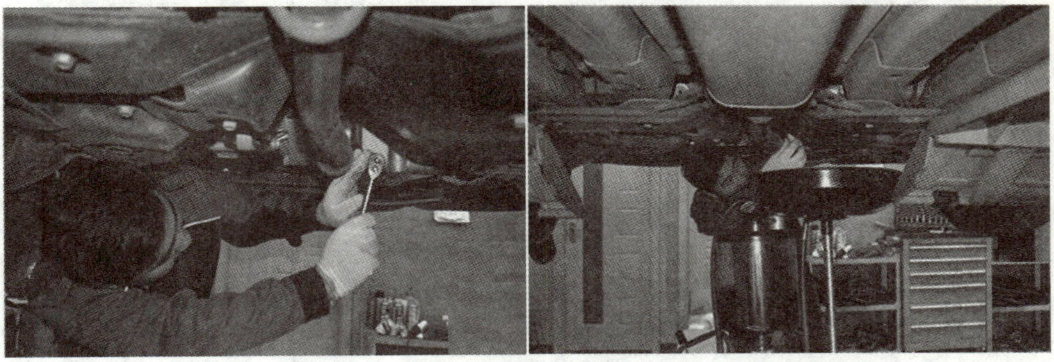

图 2-21　放机油

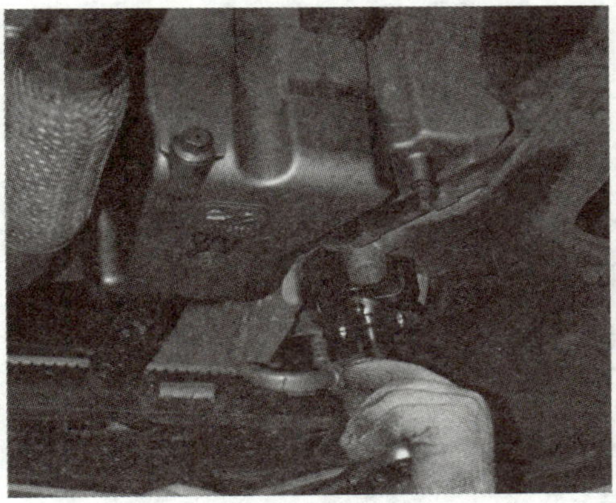

图 2-22　用机油扳手拆下旧的机油滤清器

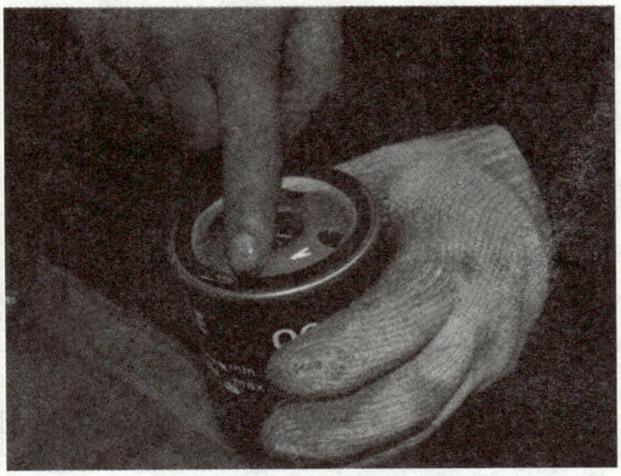

图 2-23　在新的机油滤清器 O 形圈上涂抹新机油

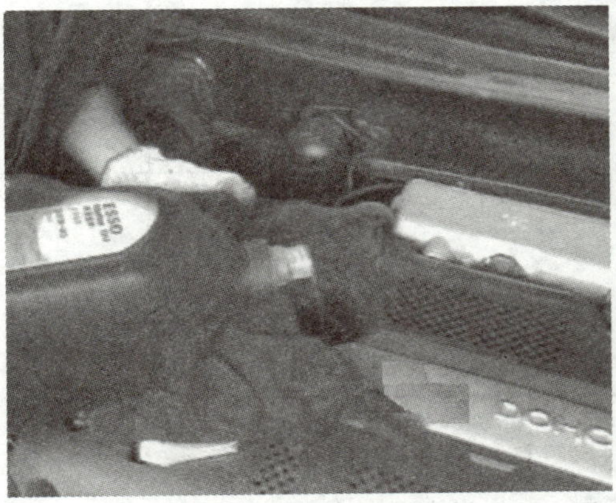

图 2-24　加新机油

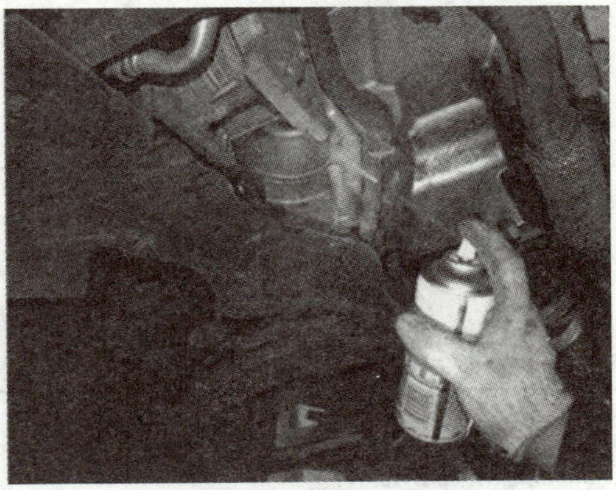

图 2-25　用化油器清洗剂清洗工作表面的油污

【任务实施】

一、准备工作

润滑系统维护与保养需要准备的工作内容如表 2-4 所示（以小组为单位）。

表 2-4　发动机润滑系统维护与保养准备工作清单

场 地 准 备	工量具（备件）准备	资 料 准 备
对应小组数量：实训工位、对应数量的课桌椅、写字板、发动机、举升机等	1．实训用车； 2．吹尘枪、清洗壶、丝绵或抹布、气带、钢刷等； 3．成套工具； 4．三件套、翼子板防护罩； 5．机油及机油滤清器； 6．化油器清洗剂若干瓶； 7．机油滤清器扳手； 8．废油收集器	发动机维修保养手册

二、实施步骤

1．发动机预检

各小组根据任务情况对发动机进行预检，参考维修手册完成表 2-5 的内容。小组共同完成所有工作任务，每个工作任务要有明确的分工，要有具体负责人。

工作中要使用三件套及翼子板防护罩，使用举升机时要确认在支撑点位置将车辆升起。

表 2-5　发动机润滑系统维护与保养工作任务要点及分工

作业顺序	任务	工具、工作要点、注意事项	预检结果		负责人
			维护与保养	更换	
1	更换机油				
2	更换机油滤清器				

2．发动机舱清洁

在做发动机保养时，应先用高压空气对发动机舱进行清洁，重点清洁发动机周围，防止灰尘和其他有害物质落入进气道中。

3．完成工单

小组在完成所有任务之后，填写工单，如表 2-6 所示。

表 2-6　发动机润滑系统维护与保养工单

姓名		班级		学号		小组		工位	
车辆 型号		VIN		发动机 型号		行驶 里程		发动机 排量	

工作任务：发动机润滑系统维护与保养

1. 更换机油

实操步骤：

2. 更换机油滤清器

实操步骤：

存在的问题：

教师评语：

年　　月　　日

任务 3　发动机燃油供给系统的维护与保养

【任务导入】

燃油供给系统的任务就是将油箱内的燃油按照发动机的要求送入燃烧室进行燃烧。燃油供给系统的供油压力、喷油量及燃油中的杂质、水分等因素都会影响发动机的工作性能，因此，需要定期对发动机燃油供给系统进行维护与保养。

【相关知识】

发动机燃油供给系统主要由汽油泵、汽油滤清器、喷油器、油箱、油管及燃油压力调节器等元件构成。

一、汽油

汽油由原油分馏及重质馏分裂化制得，然后还需脱硫精制，加入高辛烷值组分加以调和，最终得到符合国家标准的汽油产品。

1. 汽油的特性

汽油重要的特性有蒸发性、抗爆性、安定性、腐蚀性和安全性。

1）蒸发性

蒸发性指汽油蒸发的难易程度。蒸发性对发动机的启动、暖机、加速、气阻、燃料耗量等有重要影响。

2）抗爆性

抗爆性指汽油在各种使用条件下抗爆震燃烧的能力。车用汽油的抗爆性用辛烷值表示。辛烷值越高，抗爆性越好。汽油抗爆能力的大小与化学组成有关。规定异辛烷的辛烷值为 100，抗爆性最好；正庚烷的辛烷值为 0，抗爆性最差。汽油的牌号是按辛烷值划分的。

3）安定性

安定性指汽油在自然条件下，长时间放置的稳定性，用胶质和诱导期及碘价表征。胶质越低越好，诱导期越长越好，国家标准规定，每 100 mL 汽油实际胶质不得大于 5 mg。碘价表示烯烃的含量。

4）腐蚀性

腐蚀性是指汽油在存储、运输、使用过程中对储罐、管线、阀门、汽化器、气缸等设备产生腐蚀的特性。用总硫、硫醇、铜片实验和酸值表征。

5）安全性

汽油安全性能的指标主要是闪点，国家标准严格规定的闪点值为≥55 ℃。闪点过低，说明汽油中混有轻组分，会对汽油储存、运输、使用带来安全隐患，还会导致汽车发动机无法正常工作。

2. 汽油牌号

目前国 V 标准汽油牌号分别为 92 号、95 号、98 号。这些数字代表汽油的抗爆性，与汽油的清洁无关。汽油的牌号是按辛烷值划分的，例如，95 号汽油的抗爆性与 95%的异辛烷与 5%的正庚烷所合成汽油的抗爆性能相当。标号越大，抗爆性能越好。在每辆车的使用手册上都会标明使用汽油的牌号。

二、汽油滤清器

汽油滤清器简称汽滤，其主要功能是滤除汽油中的杂质。汽油滤清器安装位置有两种，一种是安装在油箱内与汽油泵组装在一起，另一种是安装在油箱外的供油管路中。图 2-26 所示为安装在供油管路中的汽油滤清器；图 2-27 所示为安装在油箱内的汽油滤清器。

如果汽油滤清器过脏，主要表现为：发动机启动困难、怠速不稳或加速无力。

汽油滤清器更换周期以保养手册为准，安装在供油管路中的汽油滤清器一般为 30000 km 更换，安装在油箱内的汽油滤清器一般 60000～100000 km 更换。

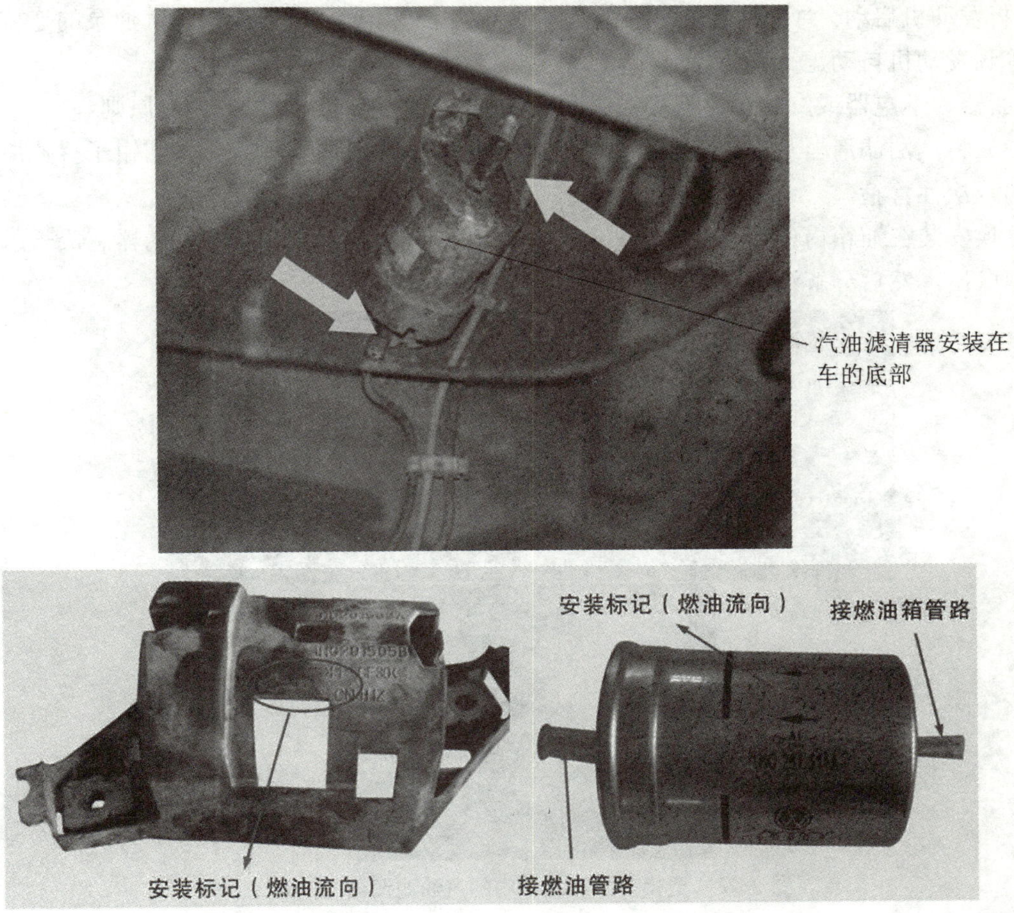

图 2-26　安装在供油管路中的汽油滤清器

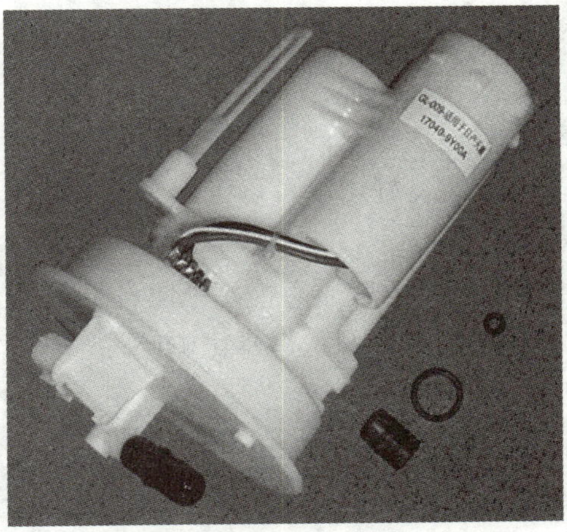

图 2-27　安装在油箱内的汽油滤清器

三、汽油滤清器更换步骤

（1）准备接油杯、钳子、螺丝刀等工具。

（2）由于燃油系统内有 3～3.5 bar 的压力，为避免在拆卸滤清器时发生喷油，在断开燃油管路前须释放燃油系统中的压力。

先将发动机启动，怠速运行，这时拆下汽油泵的熔断器、继电器或断开汽油泵的连接线束，等到发动机自动熄火为止。

熔断器、继电器或汽油泵的连接线束断开其中的一个就可以，以方便为原则。

（3）将汽油滤清器从安装支架上拔下来。将接油杯放在油管下方，并用钳子拆掉原来两边的一次性管箍。

更换安装在油箱内的汽油滤清器，需要拆装后排座椅，将汽车泵与滤清器总成一起从油箱中取出，然后分解汽油泵与汽油滤清器，如图 2-28 所示。

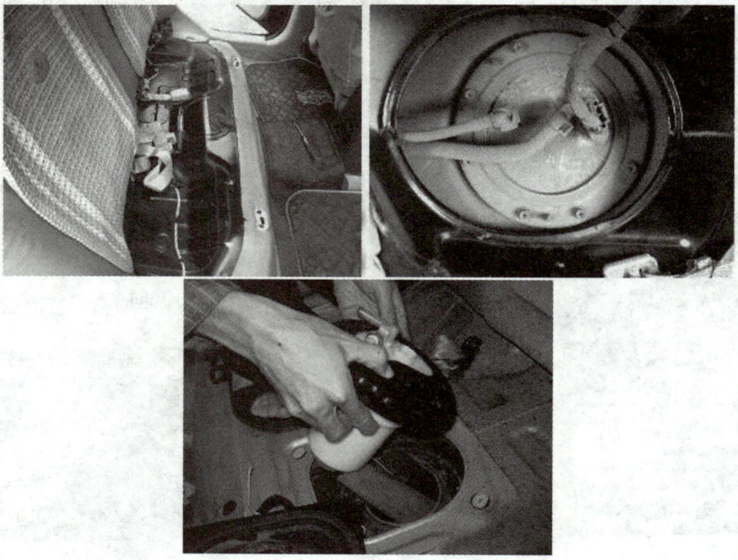

图 2-28 更换安装在油箱内的汽油滤清器的方法

（4）将汽油滤清器的进油口处的管子拔下（用拇指与食指两面同时按下），这时管内的汽油会溢出来，将里面的油引入杯子中。

（5）将滤清器的另一端拔下，拆下旧的滤清器，换上新的滤清器。再把换好的汽油滤清器安装到位，并用螺丝刀拧紧管箍。

（6）启动汽车并使发动机怠速运转一段时间，看看汽油滤清器接口部位有没有漏油等现象，若没有漏油现象则表明安装良好，就可以上路行驶了。

四、喷油器的清洗与检测

喷油器长期使用后，由于汽油中的胶质可能堵塞喷油器喷嘴，将导致喷油器供油不畅、滴漏（密封不严）、卡滞、雾化不良等现象。严重影响喷油器正常工作，因此须对喷油器进行定期清洗。

1. 使用喷油器清洗机清洗

常见的喷油器清洗机如图 2-29 所示，它是集喷油器清洗与检测为一体的超声波喷油器清洗设备，具有喷油器清洗、喷油器雾化检测、喷油器流量检测和喷油器密封检测等功能。

超声波喷油器清洗机除了对喷油器清洗外，还可以检查喷油器雾化、喷油量及泄漏情况。

1）喷油量检查

按选择键依次选择怠速测试、中速测试、高速测试、自动变速测试项进行模拟测试工作，压力保持在 0.25～0.30 MPa 。当液面达到量筒的 2/3 时按下停止键或暂停键，观测在不同工况下各喷油器的流量均衡性。一辆汽车上的所有喷油器的喷油量偏差不应超过 2%。

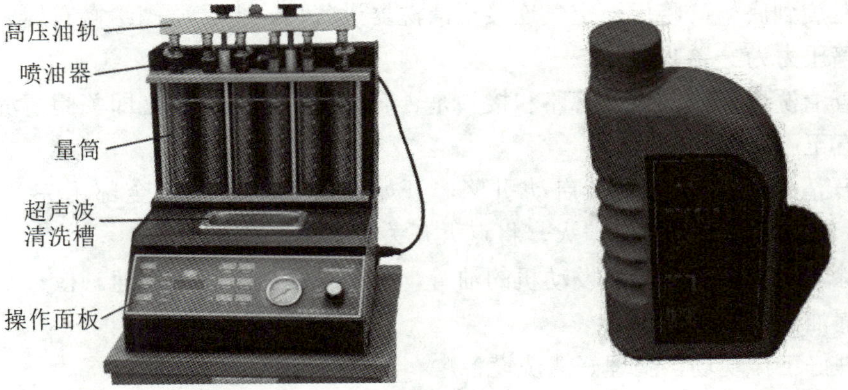

（a） 超声波喷油器清洗机　　（b）喷油器清洗液

图 2-29　喷油器清洗机及清洗液

2）喷油雾化检查和泄漏检查

按选择键依次选择怠速测试、中速测试、高速测试、自动变速测试项进行模拟测试工作，压力仍保持在 0.25～0.30 MPa ，观察各个喷油器的喷射雾化情况，喷油器雾化角不应小于 15° 。

喷油停止后，系统压力保持在 0.25～0.30 MPa，观察各个喷油器在 1 min 之内，漏油量不应超过 2 滴。

2. 免拆洗喷油器清洗机

超声波清洗机虽然清洗比较干净，且具有检测功能，但操作起来比较麻烦，需要拆下喷油器进行清洗，喷油器的拆装易导致喷油器存在漏油的隐患，因此喷油器清洗也可采用免拆清洗装置，免拆清洗装置如图 2-30 所示。

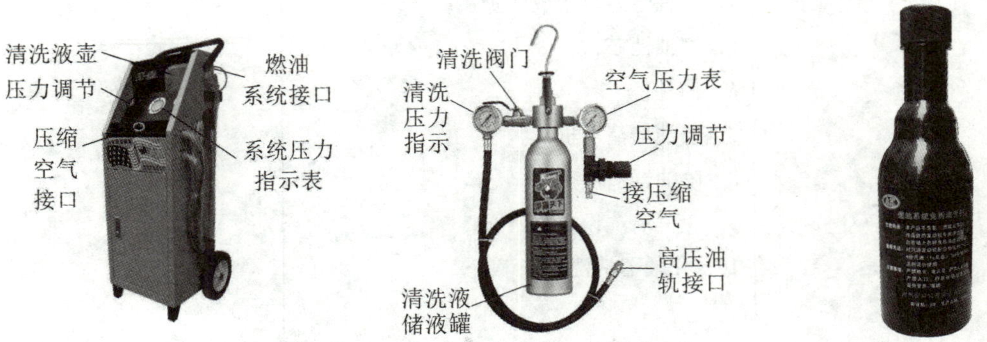

（a）免拆清洗机　　（b）悬挂式免拆清洗设备　　（c）免拆清洗液

图 2-30　免拆清洗装置

汽车喷油器免拆清洗步骤如下：

（1）将清洗器挂在汽车前盖上，查找发动机的进回油管，将回油管从其与发动机的连接点拆下，选择合适接头将回油管用塞头堵住。

（2）将进油管从发动机的连接点拆下，选择合适接头，将进油管与本清洗器出油管连接。拔下汽油泵熔丝，让汽油泵停止工作即可。

（3）拧开清洗器瓶盖，将清洗剂加入储液瓶内，旋紧瓶盖。向上拉起调压阀旋钮调至最小位置（左旋到底），将压缩空气连接至清洗器进气口，把调压阀缓慢右旋，使压力缓慢增加，调整压力为2～3 kg/cm^2。

（4）检查清洗器及发动机各管路和接头是否有漏油，如有渗漏立即关闭清洗器进油管阀门，修复直至不漏为止。

（5）打开清洗器进油管阀，启动引擎，开始清洗直至清洗剂全部用完（需20～30 min）。清洗完毕时汽车会自动熄火，将点火开关拧到OFF挡。

（6）拆除清洗机接头，恢复发动机的油管，启动发动机并适当加速。检查发动机油管各接头是否漏油。

（7）清理好工作现场，整理好清洗设备。

【任务实施】

一、准备工作

发动机燃油系统维护与保养需要准备的工作内容如表 2-7 所示（以小组为单位）。

表 2-7　发动机燃油系统维护与保养准备工作清单

场 地 准 备	工量具（备件）准备	资 料 准 备
对应小组数量：实训工位、对应数量的课桌椅、写字板、发动机、举升机等	1. 实训车辆； 2. 吹尘枪、清洗壶、丝绵或抹布、气带、钢刷等； 3. 成套工具； 4. 三件套、翼子板防护罩； 5. 汽油滤芯； 6. 油杯； 7. 喷油器清洗机； 8. 喷油器清洗剂； 9. 免拆清洗设备； 10. 化油器清洗剂若干瓶	发动机维修保养手册

二、实施步骤

1．发动机预检

各小组根据任务情况对发动机进行预检，参考维修手册完成表 2-8 内容。小组共同完成所有工作任务，每个工作任务要有明确的分工，要有具体负责人。

工作中要使用三件套及翼子板防护罩，使用举升机时要确认在支撑点位置将车辆升起。

表 2-8　发动机燃油系统维护与保养工作任务要点及分工

作业顺序	任务	工具、工作要点、注意事项	预检结果		负责人
			维护与保养	更换	
1	更换汽油滤芯				
2	清洗喷油器				

2．发动机舱清洁

拆下喷油器之前，应先用高压空气对发动机舱进行清洁，重点清洁发动机气门室盖周围，防止灰尘和其他有害物质落入进气道中。

3．完成工单

小组在完成所有任务之后，填写工单，如表 2-9 所示。

表 2-9　发动机燃油系统维护与保养工单

姓名		班级		学号		小组		工位	
车辆型号		VIN		发动机型号		行驶里程		发动机排量	

工作任务：发动机燃油系统维护与保养

1. 更换汽油滤清器

实操步骤：

2. 使用喷油器清洗机对喷油器进行清洗检查，完毕后将检查结果填入下表中。

<table>
<tr><td>气缸序号</td><td colspan="2">雾化情况</td><td colspan="2">密封状况</td><td>气缸序号</td><td>雾化情况</td><td>密封状况</td></tr>
<tr><td>第一缸</td><td colspan="2"></td><td colspan="2"></td><td>第四缸</td><td></td><td></td></tr>
<tr><td>第二缸</td><td colspan="2"></td><td colspan="2"></td><td>第五缸</td><td></td><td></td></tr>
<tr><td>第三缸</td><td colspan="2"></td><td colspan="2"></td><td>第六缸</td><td></td><td></td></tr>
<tr><td rowspan="2">喷油量</td><td>第一缸</td><td>第二缸</td><td>第三缸</td><td>第四缸</td><td>第五缸</td><td colspan="2">第六缸</td></tr>
<tr><td>_____mL</td><td>_____mL</td><td>_____mL</td><td>_____mL</td><td>_____mL</td><td colspan="2">_____mL</td></tr>
<tr><td>备注</td><td colspan="7"></td></tr>
</table>

存在的问题：

教师评语：

年　　月　　日

任务 4　发动机点火系统的维护与保养

【任务导入】

发动机点火系统的任务就是将燃烧室内的混合气体按照发动机的要求点燃。点火时刻及火花塞跳火的能量都将影响混合气的燃烧质量，影响发动机的动力性及经济性。因此，需要定期对发动机点火系统进行强制保养。

【相关知识】

发动机点火系统主要由点火线圈、点火控制模块、高压线束、火花塞、传感器及发动机 ECU 等组成。

一、火花塞

火花塞实行强制保养，保养周期到了就要强制更换。具体保养里程以保养手册为准。

火花塞的使用寿命取决于火花塞电极的材料。一般情况下，镍合金火花塞更换周期为 20000 km，镍钇合金火花塞为 30000 km，单铂金火花塞为 40000 km，双铂金火花塞为 60000 km，铱金火花塞为 80000 km，铂铱合金火花塞更换周期为 100000 km。

二、火花塞的维护与保养

在火花塞还没有到保养周期之前，若出现发动机启动困难、加速无力等现象，可以拆下火花塞进行检查，视情况保养，一般可用化油器清洁剂等有机溶剂，先浸泡一段时间，然后刷洗、风干，检查并确认火花塞电极间隙为 1.0～1.1 mm，再安装上即可；如果火花塞已经严重腐蚀，或者破损，那就必须更换。若火花塞到了保养周期，直接更换火花塞即可，不需要检查。

更换火花塞步骤如下。

（1）清理发动机气门室盖周围灰尘，防止灰尘和其他有害物质落入气缸中。

（2）拆下点火线圈（或火花塞套管），如图 2-31 所示。

（3）选择火花塞专用扳手及火花塞套筒，如图 2-32 所示，常用的套筒为 16 mm；逐个拆下火花塞，如图 2-33 所示。

（4）然后用专用扳手，逐个装上新的火花塞，如图 2-34 所示。

注意：

先用手直接拧火花塞扳手的长接杆，当拧不动时，再用扳手加力，按规定力矩拧紧。这样可防止损坏气缸盖螺纹。

（5）按顺序插回各缸点火线圈。

图 2-31　拆下点火线圈

图 2-32　火花塞专用扳手

图 2-33　拆下火花塞

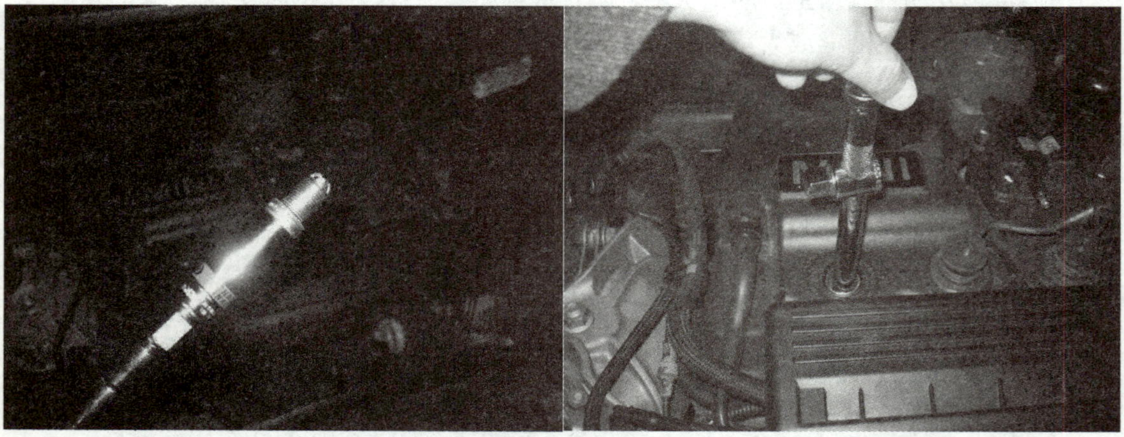

图 2-34　安装新火花塞

【任务实施】

一、准备工作

发动机点火系统维护与保养需要准备的工作内容如表 2-10 所示（以小组为单位）。

表 2-10　发动机点火系统维护与保养准备工作清单

场地准备	工量具（备件）准备	资料准备
对应小组数量：实训工位、对应数量的课桌椅、写字板、发动机、举升机等	1．实训车辆； 2．吹尘枪、清洗壶、丝绵或抹布、气带、钢刷等； 3．成套工具； 4．三件套、翼子板防护罩； 5．化油器清洗剂若干瓶； 6．火花塞专用扳手； 7．火花塞一组	发动机维修保养手册

二、实施步骤

1．发动机预检

各小组根据任务情况对发动机进行预检，参考维修手册完成表 2-11 内容。小组共同完成所有工作任务，每个工作任务要有明确的分工，要有具体负责人。

工作中要使用三件套及翼子板防护罩，使用举升机时要确认在支撑点位置将车辆升起。

表 2-11　发动机点火系统维护与保养工作任务要点及分工

作业顺序	任务	工具、工作要点、注意事项	预检结果		负责人
			维护与保养	更换	
1	更换火花塞				

2．发动机舱清洁

拆下火花塞之前，应先用高压空气对发动机舱进行清洁，重点清洁发动机气门室盖周围，防止灰尘和其他有害物质落入气缸中。

3．完成工单

小组在完成所有任务之后，填写工单，如表 2-12 所示。

表 2-12　发动机点火系统维护与保养工单

姓名		班级		学号		小组		工位	
车辆型号		VIN		发动机型号		行驶里程		发动机排量	

工作任务：发动机点火系统维护与保养

更换火花塞

实操步骤：

存在的问题：

教师评语：

年　　月　　日

任务 5　冷却系统的维护与保养

【任务导入】

发动机冷却系统的作用是保持发动机在正常的温度范围内工作。如果过度冷却，发动机燃烧室内的温度将降低，将导致混合气雾化不良，动力下降，经济性变差，气缸磨损加剧；如果冷却不足，发动机燃烧室内的温度上升，将导致发动机负荷增大，易发生爆震，加剧发动机的磨损，降低发动机的寿命。因此，需要定期对发动机冷却系统进行强制维护与保养。

【相关知识】

发动机冷却系统由水泵、节温器、冷却液、冷却风扇、水箱、膨胀水壶等组成。

一、冷却液

冷却液，又称防冻液，在发动机缸体内与水箱之间循环，在发动机正常使用时有防结冰、防沸腾、防水垢、防腐蚀等性能。大多冷却液的颜色为红色或绿色，方便观察是否泄漏。

1．冷却液的成分

发动机冷却液的基本成分是乙二醇-水溶液，这样就可以解决防冻的问题了。由于发动机性能的不断提高，对冷却液的要求也越来越高，因此需要配以适量的金属缓蚀剂、阻垢剂等添加剂进行科学调和，才能达到发动机冷却的要求，以及使水箱、发动机缸体、水泵、水管等防水垢、防腐蚀的要求。常用的冷却液如图 2-35 所示。

图 2-35　常用的冷却液

2．冷却液的牌号

冷却液的牌号是根据其冰点确定的，主要包括-20、-25、-30、-35、-40 和-45 六种牌号。选用冷却液时，应选用比环境温度低 10 ℃以上牌号的冷却液。

3．冷却液的检查

汽车在使用过程中，冷却液不能过多也不能过少。冷却液检查方法是在发动机冷态下检查膨胀水壶中冷却液的液面高度，冷却液液面正常的高度应在膨胀水壶表面上的 max（最高）与 min（最低）标记线之间，如图 2-36 所示；还应使用冰点测试仪检查其冰点温度是否符合要求，如图 2-37 所示。

图 2-36　冷却液液面高度的检查

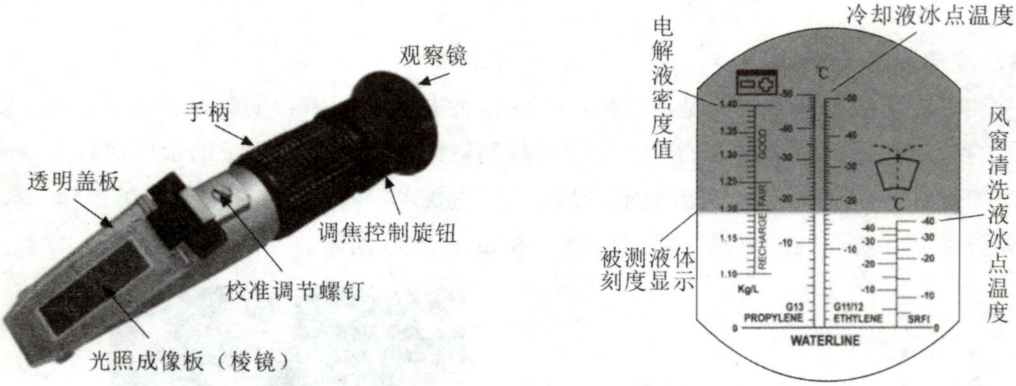

（a）冰点测试仪　　（b）冰点测试仪透镜成像

图 2-37　冰点测试仪及其成像图

4．冷却液的更换

按照保养手册的要求，当冷却液到保养期后需要更换冷却液。更换冷却液需要待发动机冷却后方可进行。更换冷却液的步骤如下。

（1）打开冷却液膨胀水壶盖。

（2）将发动机升起，在车下面放一个集液盘用来收集冷却液。打开散热器和发动机缸体的冷却液排放开关，排出冷却液。若散热器没有冷却液排放开关，可拆下散热器下水管进行排放。

（3）关闭冷却液排放开关。

（4）从膨胀水壶盖加入冷却液，不要超过上限标线。

（5）拧紧冷却液膨胀水壶盖。

（6）启动发动机怠速运转至水箱冷却风扇开始工作时，膨胀水壶中冷却液液面会有所下降，继续补加冷却液至合适位置即可。

（7）检查车下有无冷却液泄漏。

5．冷却液使用注意事项

1）不要加井水

水就其是否溶解有矿物质来说，可分为硬水和软水两种。硬水中含有铁、钙、镁等离子，未经处理的井水、泉水就属于硬水，如果向发动机中加注这类硬水，经发动机加热蒸发后，就会产生碳酸钙、硫酸钙等化合物，沉淀下来形成水垢。

2）要定期检查

发动机加注长效冷却液，在工作一段时间后，应打开水箱盖进行检查，当水箱出现水污、水锈和沉淀物时，应及时更换冷却液。

3）不要缺水运行

正确的方法是：应在加水口显示加满后，启动发动机运转，待发动机温度升高至节温器开启时，水套内空气排出后，水面就会下降，此时再将水箱加满即可。对于轿车，冷却液液面应位于膨胀水壶外表面 max（最高）与 min（最低）标记线之间。

4）水箱“开锅”时不要打开膨胀水壶盖

因为“开锅”时，水箱内温度很高（至少 100 ℃），压力大，突然开启水箱盖，滚开的水及水蒸气便会向外急速喷出，易烫伤加水者。出现“开锅”时一般应怠速运转，等发动机温度降下来后再开盖加注冷却液。如时间紧迫，可先用湿布盖住水箱盖，再用湿毛巾包住手，然后慢慢将水箱盖打开。另外，加冷却液速度不宜过快，应缓缓加入。

5）人体不要接触防冻液

防冻液及其添加剂均为有毒物质，请勿接触，并置于安全场所。放出的冷却液不宜再使用，应严格按有关法规处理废弃的冷却液，否则易引起化学反应。

6）不同型号的防冻液不要混合使用

不同型号的防冻液混合使用，易发生化学反应，生成沉淀或气泡，降低使用效果。在更换冷却液时，应先将冷却系统用净水冲洗干净，然后再加入新的防冻液。

【任务实施】

一、准备工作

发动机冷却系统维护与保养需要准备的工作内容如表 2-13 所示（以小组为单位）。

表 2-13　发动机冷却系统维护与保养准备工作清单

场地准备	工量具（备件）准备	资料准备
对应小组数量：实训工位、对应数量的课桌椅、写字板、发动机、举升机等	1．实操车辆； 2．吹尘枪、清洗壶、丝绵或抹布、气带、钢刷等； 3．成套工具； 4．三件套、翼子板防护罩； 5．化油器清洗剂若干瓶； 6．冷却液若干瓶	发动机维修保养手册

二、实施步骤

1．发动机预检

各小组根据任务情况对发动机进行预检，参考维修手册完成表 2-14 内容。小组共同完成所有工作任务，每个工作任务要有明确的分工，要有具体负责人。

工作中要使用三件套及翼子板防护罩，使用举升机时要确认在支撑点位置将车辆升起。

表 2-14　发动机冷却系统维护与保养工作任务要点及分工

作业顺序	任务	工具、工作要点、注意事项	预检结果		负责人
			维护与保养	更换	
1	冷却液检查				
2	更换冷却液				

2．发动机舱清洁

更换冷却液之前，应先用高压空气对发动机舱进行清洁，防止灰尘和其他有害物质进入冷却系统中。

3．完成工单

小组在完成所有任务之后，填写工单，如表 2-15 所示。

表 2-15　发动机冷却系统维护与保养工单

姓名		班级		学号		小组		工位	
车辆型号		VIN		发动机型号		行驶里程		发动机排量	

工作任务：发动机冷却系统维护与保养

更换冷却液步骤：

存在的问题：

教师评语：

年　　月　　日

任务 6　发动机 V 带与正时皮带的检查

【任务导入】

发动机皮带也称为 V 带或楔形带，是利用发动机的动力带动发电机、空调泵及水泵等附件工作；发动机正时皮带也称为齿型皮带，是利用发动机的动力驱动配气机构的。

发动机 V 带与正时皮带属于橡胶部件，随着发动机工作时间的增加都会发生磨损或老化，因此发动机保养手册中针对发动机 V 带与正时皮带，都要求在规定的周期内定期检查，视情更换。一般情况下，在每次做大保养时要检查发动机 V 带及正时皮带，在发动机行驶到 100000 km 时应该更换发动机 V 带及正时皮带，具体的更换周期应该以发动机的保养手册说明为准。

【相关知识】

一、V 带的检查

发动机 V 带如图 2-38 所示。检查 V 带的步骤如下。

1. 外观检查

目视 V 带是否过度磨损、加强筋损坏等，如果发现任何损坏，如图 2-39 所示，则更换皮带。

2. 检查 V 带的偏移量及张紧度

如图 2-40 所示，以丰田卡罗拉车为例检查 V 带的偏移量，用拇指以 9～10 kg 的力按压皮带中间部位时，偏移量应为 8～10 mm；使用皮带张力计测量 V 带的张紧度，如图 2-41 所示，标准值为 392～588 N（40～60 kg）。

3. V 带的调整

当检测到 V 带的偏移量及张紧度不符合标准时，就要对 V 带进行调整，调整的方法如图 2-42 所示，松开螺栓 A 和 B，转动螺栓 C 即可调整。调整结束后，拧紧螺栓 A 和 B，力矩分别为 19 N • m 和 43 N • m。

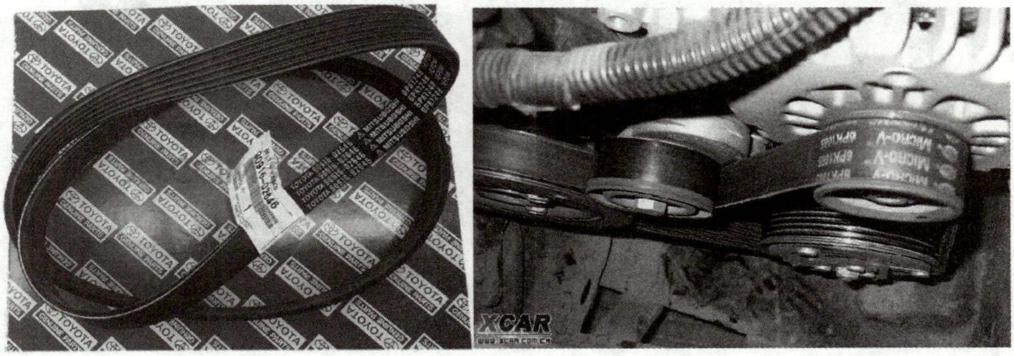

图 2-38　发动机 V 带

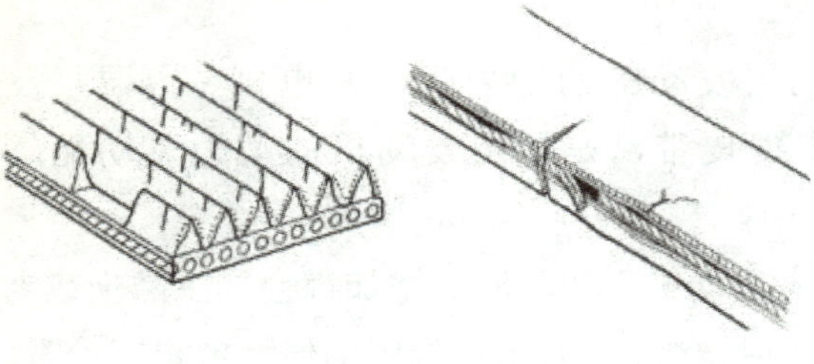

图 2-39　发动机 V 带损坏

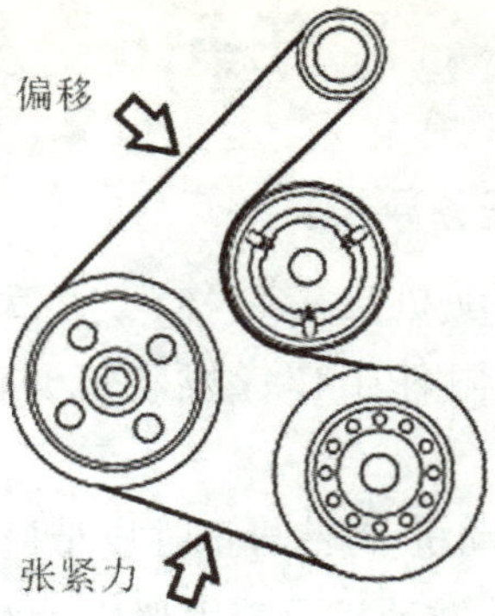

图 2-40　检查 V 带的偏移量及张紧度

图 2-41　使用皮带张力计测量 V 带的张紧度

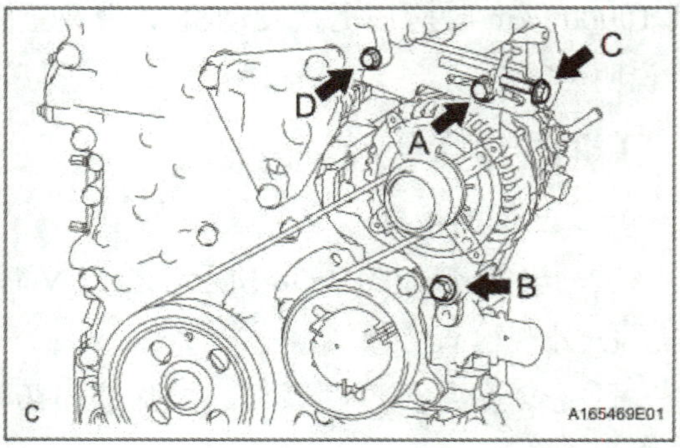

图 2-42　V 带调整方法

二、正时皮带的检查

发动机正时皮带如图 2-43 所示，在每次做保养时，要对正时皮带进行例行检查，而正时皮带的检查不同于发动机 V 带，要拆下正时罩盖才能看到正时皮带。

检查时，如果皮带有硬度降低、磨蚀、纤维断裂、或者裂纹、裂缝等现象，就表明皮带已破损，不可以继续使用，需要更换新皮带。

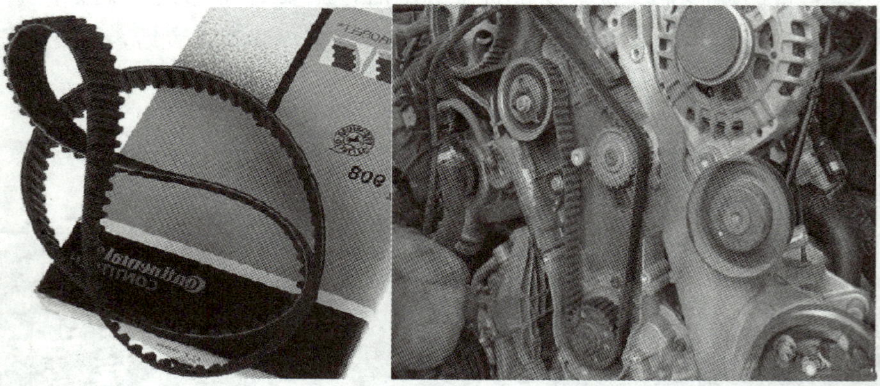

图 2-43　发动机正时皮带

【任务实施】

一、准备工作

发动机 V 带与正时皮带维护与保养需要准备的工作内容如表 2-16 所示（以小组为单位）。

表 2-16　发动机 V 带与正时皮带维护与保养准备工作清单

场地准备	工量具（备件）准备	资料准备
对应小组数量：实训工位、对应数量的课桌椅、写字板、发动机、举升机等	1．实操车辆； 2．吹尘枪、清洗壶、丝绵或抹布、气带、钢刷等； 3．成套工具； 4．三件套、翼子板防护罩； 5．化油器清洗剂若干瓶； 6．皮带张力计	发动机维修保养手册

二、实施步骤

1．发动机预检

各小组根据任务情况对发动机进行预检，参考维修手册完成表 2-17 内容。小组共同完成所有工作任务，每个工作任务要有明确的分工，要有具体负责人。

工作中要使用三件套及翼子板防护罩，使用举升机时要确认在支撑点位置将车辆升起。

表 2-17　发动机 V 带与正时皮带维护与保养工作任务要点及分工

作业顺序	任务	工具、工作要点、注意事项	预检结果		负责人
			维护与保养	更换	
1	发动机 V 带检查及调整				
2	正时皮带的检查				

2. 发动机舱清洁

在对发动机 V 带与正时皮带维护与保养之前，应先用高压空气对发动机舱进行清洁，重点清洁发动机 V 带周围，防止灰尘和其他有害物质进入正时罩盖中。

3. 完成工单

小组在完成所有任务之后，填写工单，如表 2-18 所示。

表 2-18 发动机 V 带与正时皮带维护与保养工单

姓名		班级		学号		小组		工位	
车辆型号		VIN		发动机型号		行驶里程		发动机排量	

工作任务：发动机燃油系统维护与保养

1. V 带的检查

2. 正时皮带的检查

存在的问题：

教师评语：

年 月 日

项目 3　汽车底盘的维护与保养

【项目导读】

❖ 知识目标

（1）掌握传动系统的维护与保养方法。

（2）掌握行驶系统的维护与保养方法。

（3）掌握转向系统的维护与保养方法。

（4）掌握制动系统的维护与保养方法。

❖ 能力目标

（1）能正确对传动系统进行维护与保养。

（2）能正确对行驶系统进行维护与保养。

（3）能正确对转向系统进行维护与保养。

（4）能正确对制动系统进行维护与保养。

任务 1　传动系统的维护与保养

【任务导入】

车辆传动系统主要包括离合器、变速器、驱动桥和半轴等重要部件。传动系统的主要功能是把发动机的动力传输给驱动轮，传动系统的好坏决定着汽车能否可靠地行驶，因此要定期对车辆传动系统进行维护与保养，到了保养周期就应对车辆的传动系统进行检查。

【相关知识】

一、离合器的维护与保养

离合器是汽车传动系统中直接与发动机相联系的部件，它负责动力的切断和结合，保证汽车平稳起步，保证平顺换挡，防止传动系统过载。

1. 离合器踏板高度的调整

当踩下离合器踏板感到挂挡困难或变速器齿轮出现刺耳的撞击声时（踩下离合器踏板几乎触底时才能切断离合器），应该对离合器踏板高度进行检查。

以丰田卡罗拉为例，离合器踏板高度调整方法如图 3-1（a）所示。

（1）翻起地毯。

（2）检查并测量踏板高度，踏板距离地板的标准高度：143.6～153.6 mm。

（3）若踏板高度不符合标准，应松开锁紧螺母并转动限位螺栓直至获得正确高度。

（4）拧紧锁紧螺母，标准扭矩为 16 N·m。

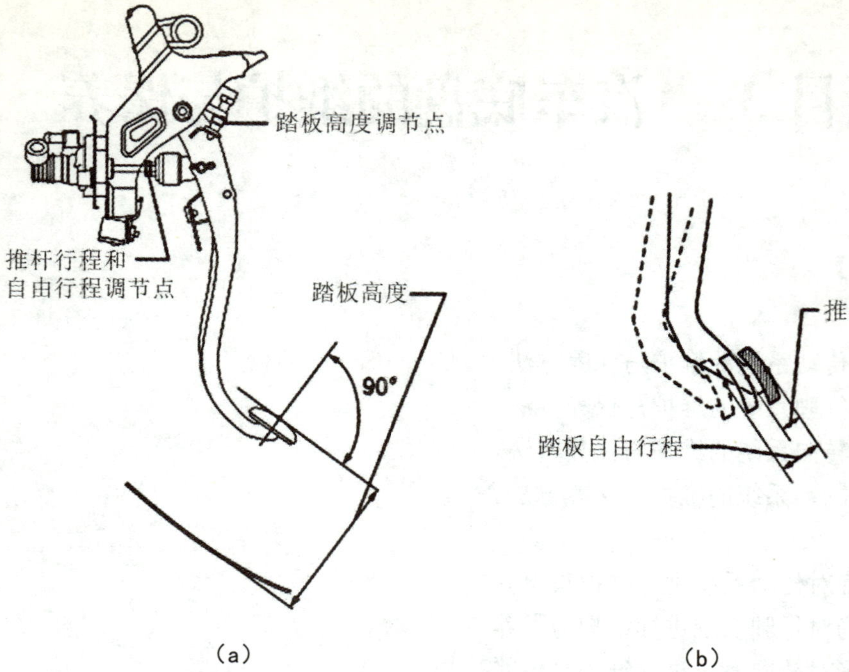

图 3-1　丰田卡罗拉车离合器踏板高度与自由行程的调整

2. 离合器踏板自由行程的调整

离合器踏板如果没有自由行程，会造成离合器打滑，汽车行驶无力；如果离合器踏板自由行程过大，则离合器分离不彻底，造成换挡困难。

以丰田卡罗拉为例，离合器踏板自由行程的调整方法如图 3-1（b）所示。

（1）踩下踏板直至开始感觉到离合器阻力，这一踏板行程称为离合器踏板自由行程，离合器踏板自由行程标准为 5.0～15.0 mm。

（2）轻轻踩下踏板直至阻力开始增大，这时的踏板行程称为踏板顶端处的推杆行程，标准为 1.0～5.0 mm。

（3）若测量的离合器踏板自由行程和推杆行程与标准不符，则需要松开锁紧螺母并转动推杆，直到离合器踏板自由行程和推杆行程符合标准为止，然后拧紧锁紧螺母，标准扭矩为 12 N・m。

二、手动变速器的维护与保养

手动变速器是指通过拨动变速杆改变变速器内的齿轮啮合状态，改变传动比，从而达到变速目的的一种变速器。手动变速器维护与保养的主要内容就是定期检查、更换齿轮油。

1. 齿轮油的牌号

1）齿轮油质量等级

齿轮油应具有良好的抗磨、耐负荷性能和合适的黏度。美国石油学会（简称 API）将车辆齿轮油按使用性能分为 GL-1、GL-2、GL-3、GL-4、GL-5 等质量级别。其性能水平顺序逐级提高。目前国内轿车多采用 GL-4 和 GL-5 的齿轮油，如图 3-2 所示为手动挡轿车常用的变速器齿轮油。变速器齿轮油的使用条件与使用对象如表 3-1 所示。

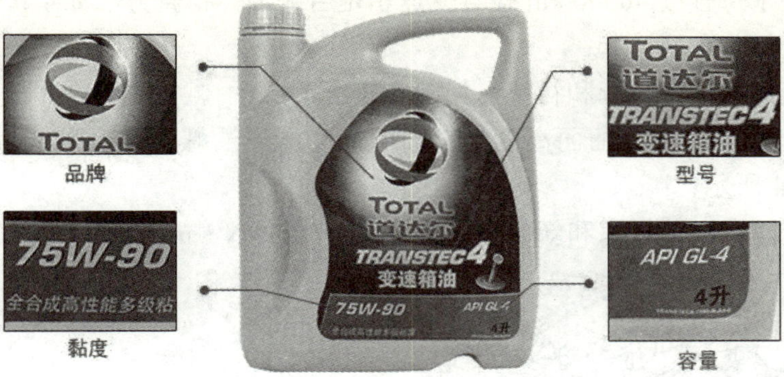

图 3-2　手动变速器齿轮油

表 3-1　API 齿轮油使用条件与对象

API 规格	使 用 条 件	使 用 对 象	相 关 标 准
GL-1 或 GL-2	低压和低滑动速度	螺旋伞齿轮、蜗轮、蜗杆、某些卡车手动变速器	
GL-3	中等滑动速度和负荷	螺旋伞齿轮，少数手动变速器	
GL-4	滑动速度和负荷条件苛刻	双曲线齿轮，多数卡车、轿车手动变速器	MIL-L-2105
GL-5	压力、冲击负荷和滑动速度等条件都非常苛刻	双曲线齿轮，许多卡车和轿车的手动变速器	MIL-L-2105B

2）齿轮油黏度等级

美国汽车工程师协会（SAE）将齿轮油黏度分为 70W、75W、80W、85W、90、140、250 等级别，带“W”表示冬季用齿轮油，不带“W”表示为夏季齿轮油，而 75W/90 为多级具轮油，一年四季均可使用。关于齿轮油黏度等级所适应的温度范围如表 3-2 所示。一般情况下，我国广东、福建等南方地区可选 90 号、140 号齿轮油；东北地区就要选用 75W/90 黏度的齿轮油。

表 3-2　齿轮油黏度等级所适应的温度范围

黏 度 等 级	适应的环境最低温度
70W	−55℃
75W	−40℃
80W	−26℃
85W	−12℃
90	−10℃
140	10℃

2．检查

对于手动变速器，车辆到了保养周期时，按保养手册要求检查齿轮油或更换齿轮油。

如丰田卡罗拉要求每行驶 40000 km 检查变速箱是否缺油，检查方法如下：

（1）用举升机将车辆升起；

（2）拆下变速器注油螺塞和衬垫，如图 3-3 所示；

（3）检查齿轮油，标准油面高度为：油面高度与注油螺塞开口最低点之差不得大于 5 mm，如图 3-4 所示；

（4）安装变速器注油螺塞和新衬垫，标准扭矩为 39 N・m。

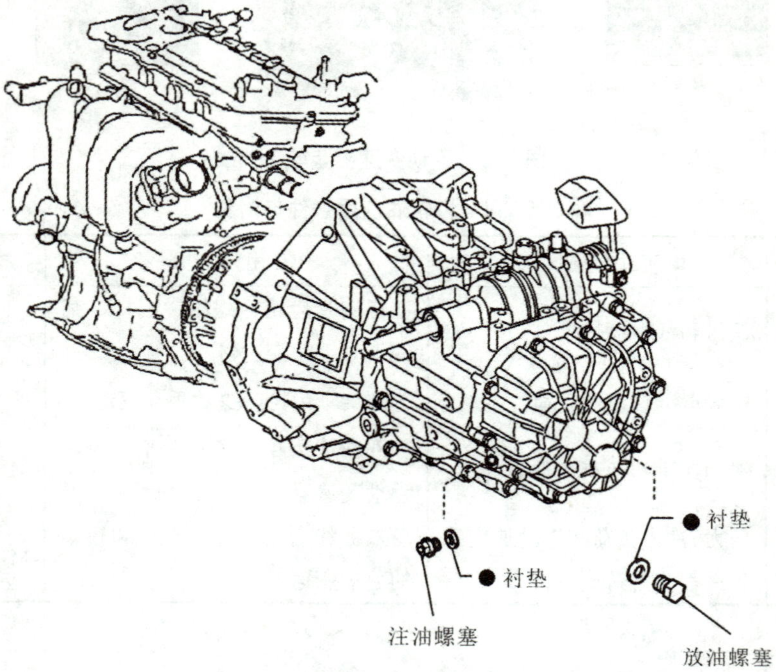

图 3-3　丰田卡罗拉变速器注油螺塞与放油螺塞

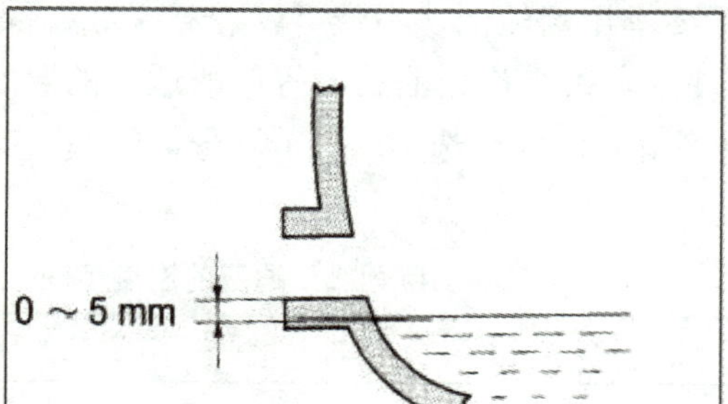

图 3-4　丰田卡罗拉手动变速器齿轮油标准高度

3．换油

手动变速器齿轮油的换油周期应按照保养手册的规定进行，丰田、大众等车系的手动变速器齿轮油都没有规定强制换油周期，一般行驶 120000 km 后，可视情更换。以丰田卡罗拉手动变速器为例，更换手动变速器齿轮油步骤如下：

（1）用举升机将车辆升起，将废油收集器放于手动变速器下面；

（2）拆下注油螺塞和衬垫；

（3）拆下放油螺塞和衬垫，排净手动传动桥油；

（4）安装新衬垫和放油螺塞，标准扭矩为 39 N·m；

（5）利用齿轮加注机添加手动变速器齿轮油至标准高度，如图 3-5 所示；

（6）安装变速器注油螺塞和新衬垫，标准扭矩为 39 N·m。

（a）齿轮油加注机

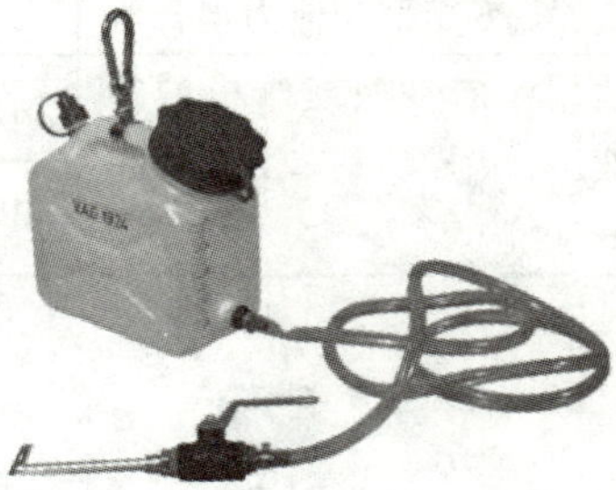

（b）大众 V.A.G1924 齿轮油加注设备

图 3-5　齿轮油加注装置

三、自动变速器的维护与保养

自动变速器（automatic transmission，AT），又称自动变速箱，是根据发动机转速、负荷、车速等因素自动改变变速器内齿轮啮合状态，改变传动比，从而达到变速的目的的设备，自动变速器减轻了驾驶员的劳动强度。自动变速器维护与保养的主要内容是定期检查或更换自动变速器油。

1. 自动变速器油

自动变速器油（automatic transmission fluid，ATF），又称液力传动油，它不仅具有普通齿轮油的功能，还具有传递扭矩的作用，所以自动变速器油是一种特殊的高级润滑油。

目前，美国材料试验协会（ASTM）和美国石油协会（API）把自动变速器油分为 ATF-1、ATF-2、ATF-3 三类，如表 3-3 所示。

Dexron 标准是根据美国通用汽车公司的标准来划分的：目前常用的质量等级分为 DexronⅡD、DexronⅡE、DexronⅢ、DexronⅣ和 DexronⅥ等级别，越往后质量等级越高。Dexron 标准是全球应用最广泛的标准，性能要求包括：低温流动性、高温氧化性、抗泡和气体释放性、橡胶密封相容性等，如图 3-6 所示为常用的 ATF。

表 3-3　分类标准

代号	适 用 范 围	主要使用规格	
		公司名称	规格
ATF-1	适用于轿车和轻型卡车的自动变速器	通用公司	DexronⅡD、ⅡE、Ⅲ、Ⅳ和Ⅵ
		克莱斯勒	MS9006
		福特公司	Mercon、新 Mercon 和 MerconV

续表

代号	适 用 范 围	主要使用规格	
		公司名称	规格
ATF-2	适用于重负荷卡车的自动传动装置和重负荷功率转换器、变矩器和液力耦合器	阿里逊公司(Allison)	C-3、C-4 和 C-5
		卡特皮勒公司(Caterpillar）	To-3、To-4
ATF-3	适用于农业及建筑机械的液压、齿轮、刹车共用的润滑系统	约翰•迪尔公司(John Deer)	J-20、J-14 和 JDT303
		福特公司	M2C41A

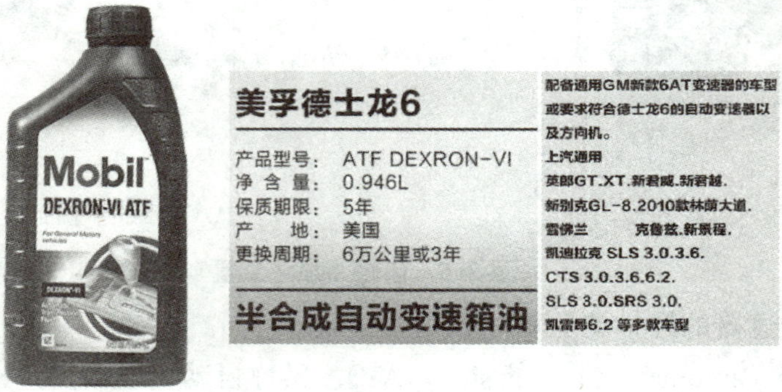

图 3-6　常用的 ATF 油

2．ATF 油的保养检查及使用注意事项

车辆到了保养周期进行保养时，应按保养手册要求进行 ATF 检查，检查方法如下：

（1）将车辆停在平坦地面上，拉紧驻车制动器；

（2）启动发动机，踩住制动踏板，将变速杆从 P 到 S 挡位顺序换挡，在每个挡位停留几秒钟，最后再将变速杆挂入 P 挡，如图 3-7 所示；

（3）变速器油温度达到正常温度后（70～80℃），打开发动机盖，拔出变速器油标尺；

（4）擦干变速器机油标尺后，再次将它插入变速器，然后拔出，确认 ATF 油是否在规定范围之内，如图 3-8 所示；

（5）变速器油不足时，补加 ATF 油至规定范围，但不准超过规定范围。

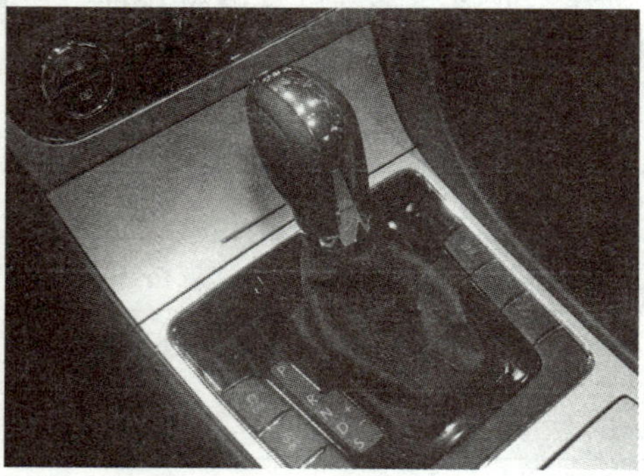

图 3-7　自动变速器换挡杆位置图

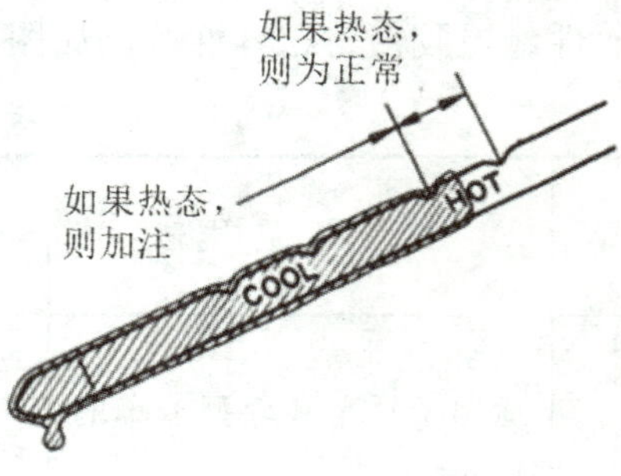

图 3-8　ATF 油加注标准

3．ATF 油的更换

应严格按照保养手册规定的换油周期进行换油，ATF 油的选用必须按照保养手册上指定的型号选择，优先使用车辆厂家指定的专用 ATF 油，不同品牌的 ATF 油不能混用。换油步骤如下。

（1）放油前应先将自动变速器油温进行预热，以便尽可能多地排放废油。

（2）用举升机将车辆举起，将集油器放于自动变速器下方。

（3）拆下自动变速器的放油螺塞，放出废油。若车辆自动变速器没有放油螺塞，则拆下自动变速器油底壳。

（4）按规定力矩拧紧放油螺塞。

（5）将车辆放下，从自动变速器加油口注入规定牌号的 ATF 油至规定高度。

四、驱动桥和半轴的维护与保养

驱动桥和半轴的保养检查主要是检查是否漏油。驱动桥油封（半轴油封）、半轴内外球笼防尘套如图 3-9 所示。

检查方法如下：

（1）用举升机将车辆举起，从下方观察驱动桥油封是否有渗漏情况，如图 3-10 所示。

（2）用手分别转动左右前轮，检查半轴的内球笼防尘套与外球笼防尘套是否损坏及漏油，如图 3-11 所示。

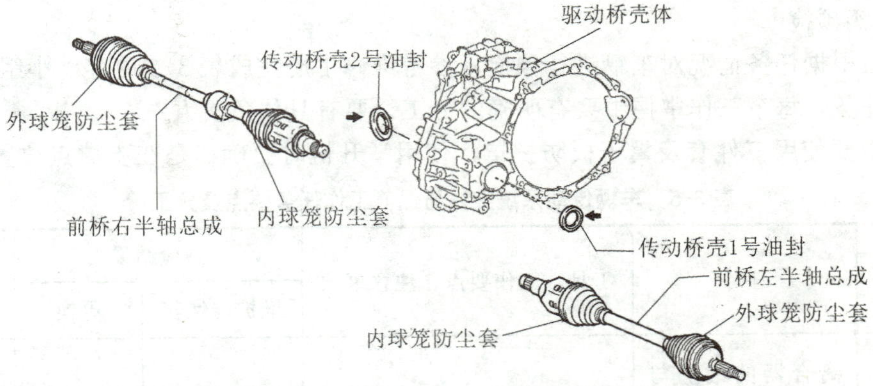

图 3-9　驱动桥油封及半轴内外球笼防尘套示意图

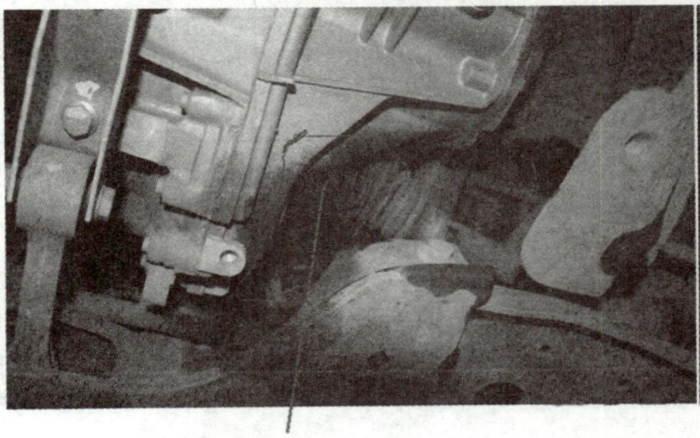

图 3-10　检查驱动桥油封

图 3-11　检查半轴球笼防尘套

【任务实施】

一、准备工作

车辆传动系统维护与保养需要准备的工作内容如表 3-4 所示（以小组为单位）。

表 3-4　车辆传动系统维护与保养准备工作清单

场 地 准 备	工具（备件）准备	资 料 准 备
对应小组数量：实训工位、对应数量的课桌椅、写字板 、车辆、举升机等	1．实操车辆； 2．吹尘枪、清洗壶、丝绵或抹布、气带、钢刷等； 3．成套工具； 4．三件套、翼子板防护罩； 5．化油器清洗剂若干瓶； 6．直尺； 7．齿轮油加注机； 8．齿轮油若干瓶； 9．ATF 油若干瓶	车辆维修保养手册

二、实施步骤

1．车辆预检

各小组根据任务情况对车辆进行预检，参考维修手册完成表 3-5 内容。小组共同完成所有工作任务，每个工作掌握中要有明确的分工，要有具体负责人。

工作中要使用三件套及翼子板防护罩，使用举升机时要确认是在支撑点位置将车辆升起。

表 3-5　车辆传动系统维护与保养工作任务要点及分工

作业顺序	任务	工具、工作要点、注意事项	预检结果		负责人
			维护与保养	更换	
1	离合器的维护与保养				
2	变速器的维护与保养				
3	驱动桥的维护与保养				
4	半轴的维护与保养				

2．完成工单

小组在完成所有任务之后，填写工单，如表 3-6 所示。

表 3-6　车辆传动系统维护与保养工单

姓名		班级		学号		小组		工位	
车辆型号		VIN		发动机型号		行驶里程		发动机排量	

工作任务：车辆传动系统维护与保养

1. 离合器的维护与保养

实操步骤：

2. 变速器的维护与保养

实操步骤：

3. 驱动桥的维护与保养

实操步骤：

4. 半轴的维护与保养

实操步骤：

存在的问题：

教师评语：

年　　月　　日

任务 2 行驶系统的检查、维护与保养

【任务导入】

汽车行驶系统主要由车架、车桥、悬架和车轮组成。行驶系统的主要功用是：通过车轮与路面之间的附着作用产生汽车行驶的驱动力矩、支承汽车总质量、缓和路面作用于车轮上冲击振动并保证汽车的行驶平顺性。因此要定期对车辆行驶系统进行检查、维护与保养。

【相关知识】

一、车架

车架是连接在各车桥之间形似桥梁的一种结构，是整个汽车的安装基础，汽车上各总成和部件都需要安装在车架上并保持正确的安装位置，车架还要承受来自地面和车上的各种静动载荷。

对于轿车而言，采用的是承载式车身，整个车身为一体，没有车架。发动机、前后悬架、传动系统等总成直接安装在车身上，如图 3-12 所示。承载式车身的优势是：行驶非常平稳，噪声小，安全性能高。

图 3-12 承载式车身示意图

汽车的发展既要追求舒适性又要追求操控性，因此承载式车身又设计了副车架（元宝梁），副车架与车身相连，车桥、悬挂通过副车架与车身相连，副车架能阻隔振动和噪声，提高乘坐的舒适性。如图 3-13 所示为卡罗拉车前桥副车架。

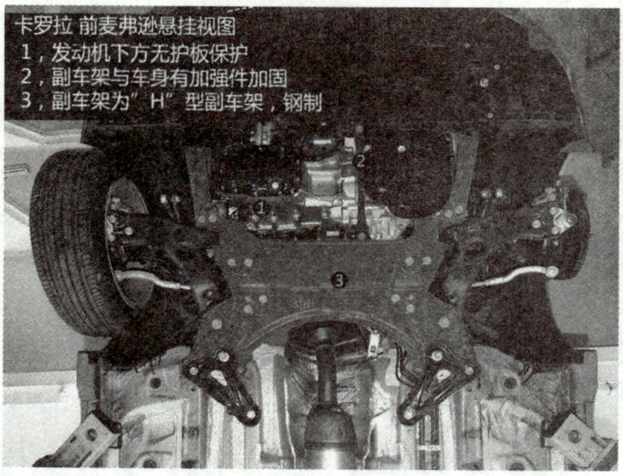

图 3-13 卡罗拉轿车前桥副车架

二、车桥与悬架的维护与保养

车桥的功用是传递车身与车轮之间的作用力。悬架是车身与车桥之间一切传递动力连接装置的总称。它的功能是：将路面作用在车轮上的力和力矩传递到车身上，保证汽车的正常行驶。目前汽车的悬架一般由螺旋弹簧、减振器、下摆臂、下球节、稳定杆等组成。

车桥与悬架的维护与保养主要是检查各个连接部位是否有松动、变形、损坏、漏油等现象，丰田卡罗拉自动挡轿车在维护与保养时针对车桥与悬架的维护与保养应做如下检查。

（1）目测检查减振器、下球节等是否漏油，副车架衬套、下摆臂衬套、稳定杆衬套、后桥衬套等是否破裂，如有上述现象，需要视情更换部件。

（2）用标准力矩检查前悬架横梁（副车架）螺丝是否松动，如图 3-14 所示，标准力矩如下。

A：145 N • m；B：95 N • m；C：93 N • m。

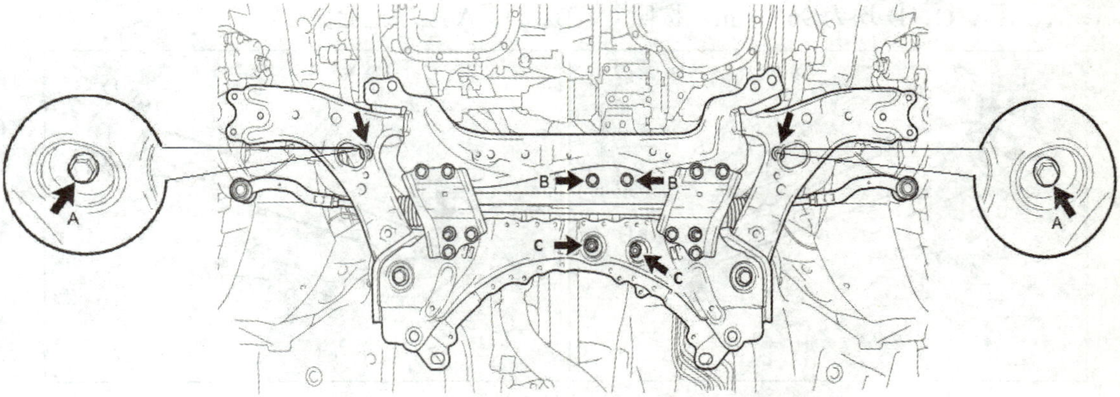

图 3-14　卡罗拉轿车副车架螺丝示意图

（3）用标准力矩检查左右前悬架下摆臂螺丝是否松动，如图 3-15 所示，标准力矩如下。

A：233 N • m；B：233 N • m；C：89 N • m。

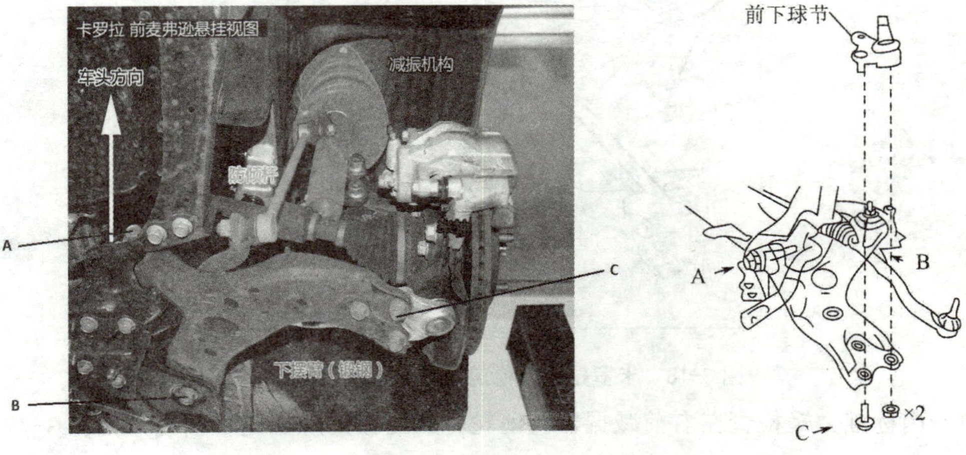

图 3-15　卡罗拉轿车左前悬架下摆臂螺丝示意图

（4）用标准力矩检查副车架左右后支架螺丝是否松动，如图 3-16 所示，标准力矩如下。

A：145 N • m；B：93 N • m。

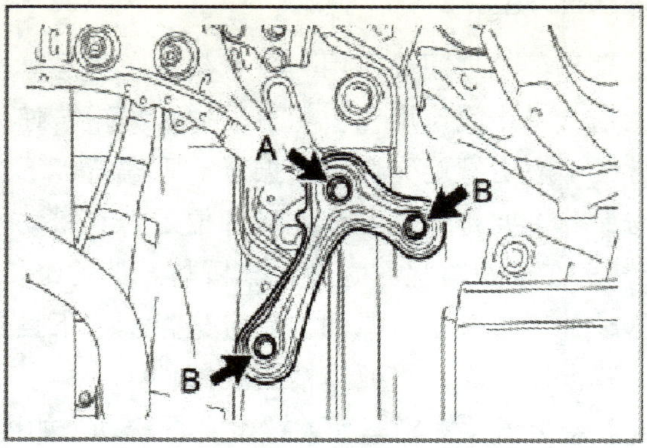

图 3-16　卡罗拉轿车副车架左后支架螺丝示意图

（5）用标准力矩检查副车架左右加强件螺丝是否松动，如图 3-17 所示，标准力矩如下。A、B 、C、D 均为 96N·m，按照 C、B、D、A 顺序检验。

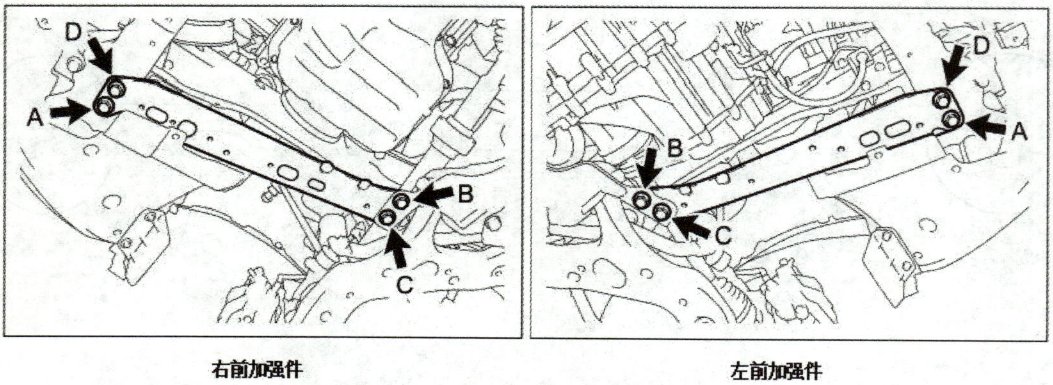

图 3-17　卡罗拉轿车副车架左右加强件螺丝示意图

（6）用标准力矩检查稳定杆左右螺丝是否松动，如图 3-18 所示，标准力矩为 74N·m。

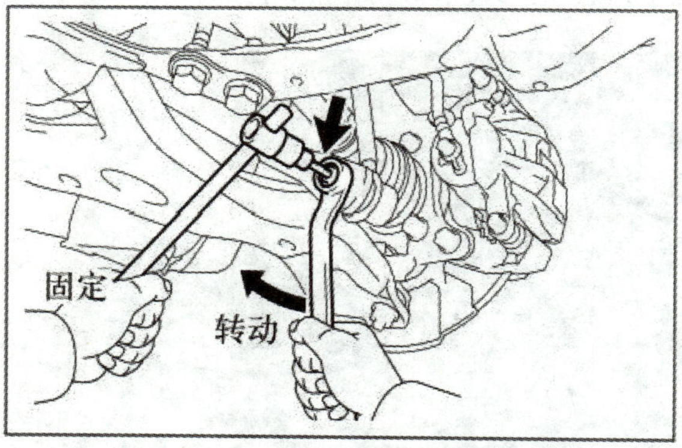

图 3-18　卡罗拉轿车稳定杆左前连接螺丝示意图

（7）用标准力矩检查左右前减振器与前轮轮毂连接的螺丝是否松动，如图 3-19 所示，标准力矩为 240 N·m。

（8）用标准力矩检查后桥螺丝是否松动，如图 3-20 所示为卡罗拉轿车后桥实物图，如图 3-21 所示为后桥加强件示意图，4 个螺丝的标准力矩为 54 N·m。

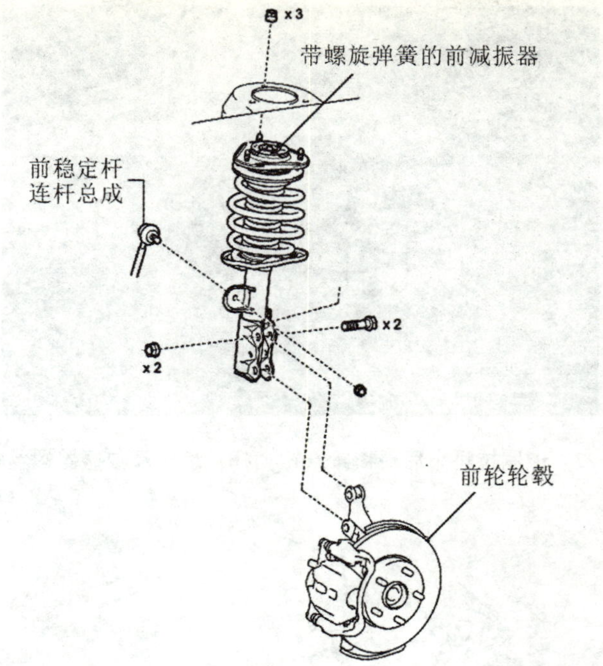

图 3-19 前减振器与前轮轮毂连接的螺丝

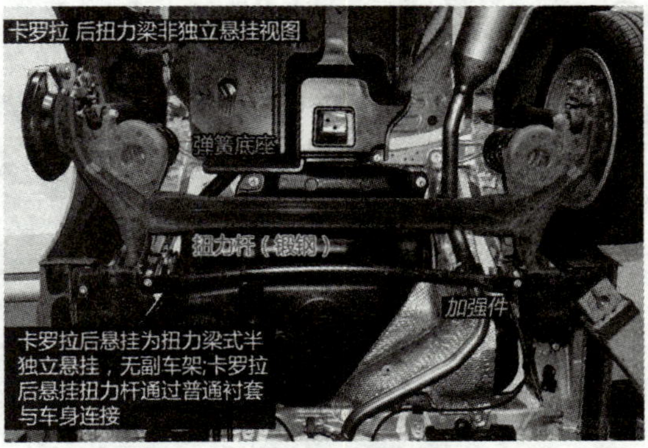

图 3-20 卡罗拉轿车后桥实物图

图 3-21 卡罗拉轿车后桥加强件示意图

（9）用标准力矩检查后桥横梁（扭力杆）螺丝及减振器螺丝是否松动，如图 3-22 所示为后桥横梁（扭力杆）螺丝及减振器螺丝实物图，图 3-23 所示为后桥横梁螺丝及减振器螺丝示意图，标准力矩为 A： 135 N • m；B ：90 N • m。

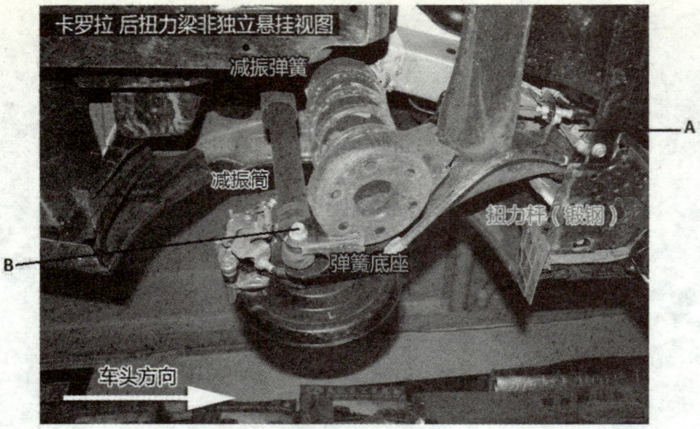

图 3-22　卡罗拉轿车后桥横梁（扭力杆）螺丝及减振器螺丝实物图

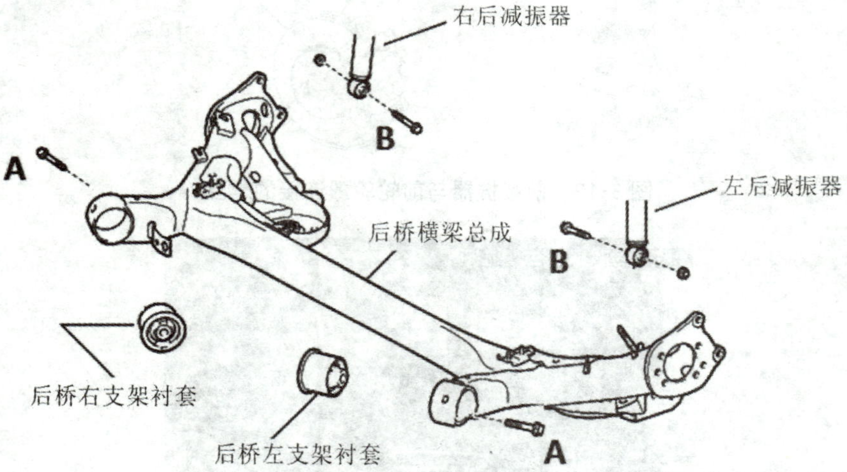

图 3-23　卡罗拉轿车后桥横梁（扭力杆）螺丝及减振器螺丝示意图

三、车轮定位

车辆到了保养里程，在对车桥及悬架系统检查后，如果发现轮胎出现磨损异常、底盘及悬架有损伤或驾驶员反应车辆行驶过程中有跑偏等现象，就应该考虑对车辆做四轮定位。四轮定位的标准参数以维修手册为准。

1．四轮定位参数

卡罗拉轿车四轮定位参数如表 3-7 所示。

表 3-7　卡罗拉轿车四轮定位参数

<table>
<tr><td colspan="3">前轮 外倾角（空载车辆）</td></tr>
<tr><td>发动机</td><td>外倾角偏差</td><td>左右差值</td></tr>
<tr><td>1ZR•FE</td><td>−0° 04′+/−45′
（−0.07° +/−0.75°）</td><td rowspan="2">45′（0.75°）或更小</td></tr>
<tr><td>2ZR•FE</td><td>−0° 05′+/−45′
（−0.08° +/−0.75°）</td></tr>
</table>

续表

主销 后倾角（空载车辆）	
后倾角偏差	左右差值
5° 32′＋/－45′ (5.53° ＋/－0.75°)	45′（0.75° ）或更小
主销 内倾角（空载车辆）	
转向轴线倾角（参考）	
11° 43′ (11.72°)	
前轮 前束（空载车辆）	
项目	规定状态
前束 （总）	B-A:2.0 ＋/－2 mm（0.08＋/－0.08 in.）
后轮 前束（空载车辆）	
项目	规定状态
前束 （总）	B-A:1.1 ＋/－3 mm（0.04＋/－0.11 in.）
后轮 外倾角（空载车辆）	
项目	规定状态
外倾角 右-左误差	－1° 23′＋/－30′（1.38° ＋/－0.5° ） 30′（0.5° ）或更小

其中，前轮前束测量方法如图 3-24 所示。

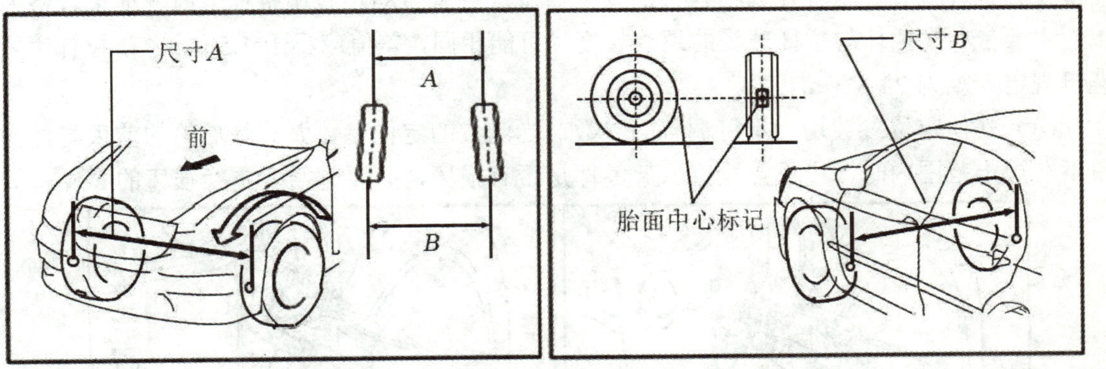

图 3-24　卡罗拉轿前轮前束测量方法示意图

2．四轮定位的调整

做四轮定位前要按要求检查轮胎等内容，四轮定位检测报告如图 3-25 所示。四轮定位报告中红色数据为不合格项目，需要重新调整，最后所有的检测数据都变为绿色后说明四轮定位合格。

后轴		调整前测量	车型数据	调整后测量
外倾角	左侧	-0° 53′	-0° 20′[-0° 50′]+0° 20′	-0° 51′
	右侧	-1° 17′		-0° 45′
左右外倾角差		+0° 24′	[0° 25′]	-0° 06′
单独前束	左侧	-0° 01′	-0° 05′[+0° 09′]+0° 05′	+0° 08′
	右侧	+0° 04′		+0° 07′
总前束		+0° 03′	-0° 05′[+0° 09′]+0° 05′	+0° 15′
前轴偏位		+0° 05′		+0° 04′
几何驱动轴线		+0° 02′	-0° 05′[+0° 00′]+0° 05′	-0° 01′
前轴		**调整前测量**	**车型数据**	**调整后测量**
外倾角	左侧	-0° 39′	-0° 25′[+0° 44′]+0° 25′	-0° 40′
	右侧	-0° 02′		-1° 03′
左右外倾角差		+0° 24′	[0° 30′]	+1° 23′
单独前束	左侧	-0° 03′	-0° 04′[+0° 09′]+0° 04′	+1° 12′
	右侧	-0° 02′		+1° 13′
总前束		+0° 05′	-0° 08′[+0° 18′]+0° 08′	+1° 25′

图 3-25 四轮定位检测报告

卡罗拉轿车四轮定位可调整的参数如下。

（1）前轮外倾角的调整部位如图 3-26 所示，松开减振器下方的两个螺母，可推拉前桥轮毂改变前轮外倾角至符合要求，然后拧紧螺母即可，规定力矩为 240 N·m。若无法调整至规定值，可按维修手册推荐的螺栓规格，更换螺栓 1 和螺栓 2。

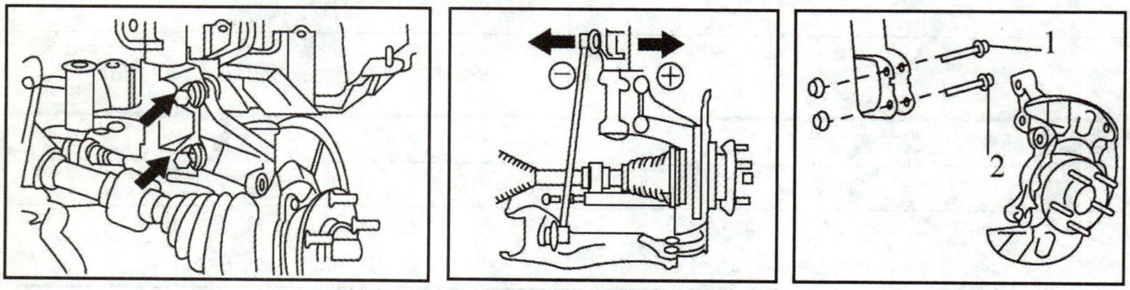

图 3-26 前轮外倾角的调整部位

（2）前轮前束的调整部位如图 3-27 所示，如果前轮前束不在规定的范围内，则通过转向横拉杆进行调整。松开左右横拉杆的锁紧螺母，等量转动左右调整杆至前轮前束合格为止。注意左右横拉杆与拉杆球头的螺纹长度尽可能相同，差值应小于 1.5 mm。横拉杆锁紧螺母规定力矩为 74 N·m。

（3）其他定位参数均为不可调整的参数，当测量的定位参数尤其是后轮的前束与外倾角不在规定范围内时，应重点检查悬架零件是否有损坏，必要时需要更换损坏的零件。

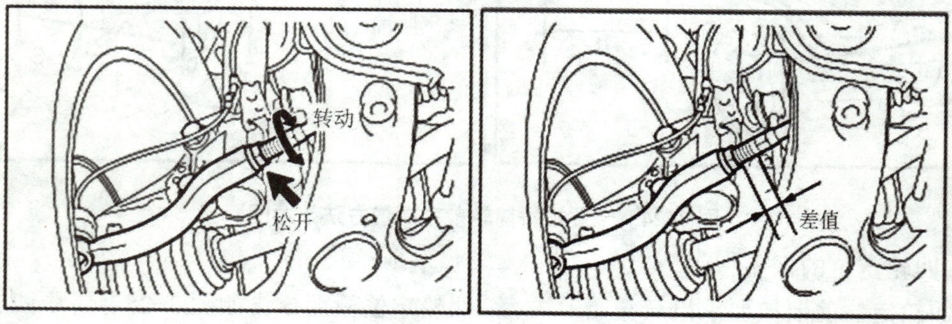

图 3-27 前轮前束的调整部位

四、车轮的维护与保养

车轮的作用是支撑汽车及货物总质量，保证车轮和路面的附着性，以提高汽车的牵引性、制动性和通过性。

1．轮胎检查

（1）车辆保养时，要检查轮胎的花纹沟槽中是否有石子等异物，如果有，要动手将其清理干净，如图 3-28 所示。但若是铁钉等尖刺物体，拔出后则需要进行补胎。沟槽若有异物，不但会影响轮胎动平衡，还会对轮胎造成严重损害。

图 3-28　清理轮胎花纹沟槽中石子等异物

（2）检查轮胎磨损情况，观察是否有异常磨损。测量轮胎沟槽深度判断是否为均匀磨损，测量方法如图 3-29 所示，用深度尺在轮胎表面上间隔 120° 处测量三个位置，每个位置测量 3 个沟槽深度。

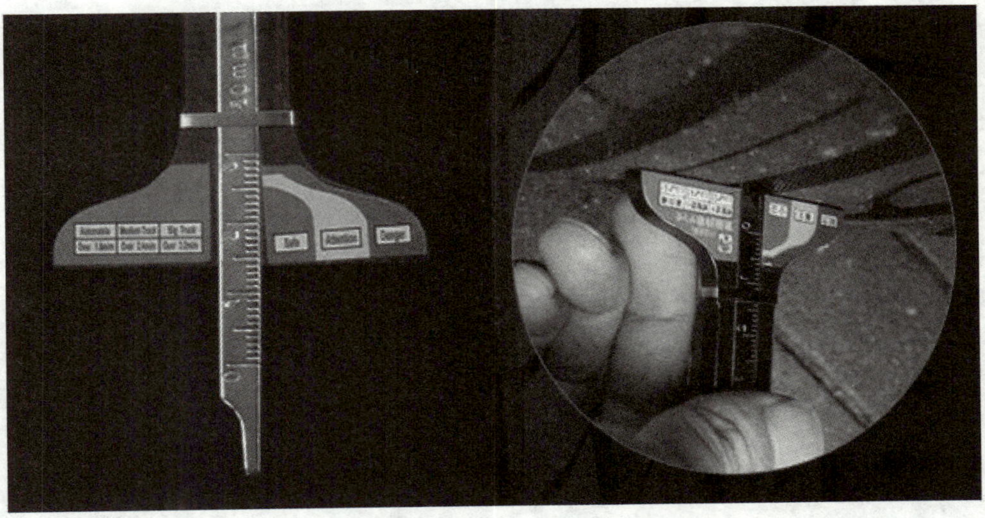

图 3-29　用深度尺测量轮胎表面沟槽深度

（3）检查轮胎磨损标识，每个轮胎胎面都有磨损指示标记，它位于胎面花纹沟槽的底部，高度为 1.6 mm（法定的最小沟槽深度）。如果轮胎胎面花纹磨损到与标记一样的高度，应该立即更换轮胎，如图 3-30 所示。

图 3-30　轮胎胎面都有磨损指示标记

（4）检查轮胎胎压，调整到标准值。每辆车的轮胎胎压标准数值在驾驶位车门侧面（B柱附近）或油箱盖内侧，如图 3-31 所示。

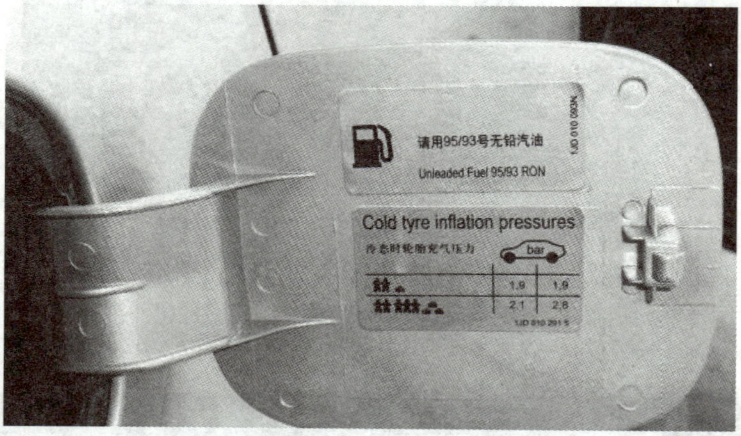

图 3-31　油箱盖内侧轮胎胎压标准数值

（5）用肥皂泡检查充气嘴密封性。

2. 轮毂轴承检查

转动车轮，检查轮毂轴承转动是否灵活，有无噪声，如图 3-32 所示。抓住轮胎上下面，双手用力沿轮毂轴线方向晃动车轮，检查轮毂是否有轴向摆动，如图 3-33 所示。

图 3-32　检查轮毂轴承是否灵活及有无噪声

图 3-33　检查轮毂是否有轴向摆动

3．轮胎换位

轮胎换位一般是在 20000～30000 km 左右进行，换位的顺序如图 3-34 所示。拆装车轮螺母时，应按照多次对称拆装车轮螺母，车轮螺母拆装顺序如图 3-35 所示。在安装车轮时，先用气动扳手（俗称风炮），拧紧每个车轮的螺母，然后用力矩扳手给每个螺母拧紧至规定力矩。卡罗拉轿车前后车轮螺母标准力矩 103 N • m。

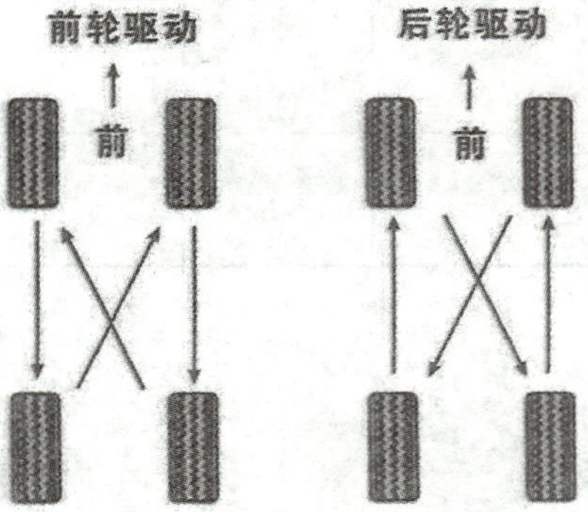

图 3-34　轮胎换位顺序

图 3-35　车轮螺母拆装顺序

【任务实施】

一、准备工作

车辆行驶系统维护与保养需要准备的工作内容如表 3-8 所示（以小组为单位）。

表 3-8　车辆行驶系统维护与保养准备工作清单

场地准备	工量具（备件）准备	资料准备
对应小组数量：实训工位、对应数量的课桌椅、写字板 、车辆、举升机等	1．实操车辆； 2．吹尘枪、清洗壶、丝绵或抹布、气带、钢刷等； 3．成套工具； 4．三件套、翼子板防护罩； 5．化油器清洗剂若干瓶； 6. 可调式扭力扳手一只（20～150 N •m）； 7. 可调式扭力扳手一只（30～250 N •m）； 8．轮胎气压表一只； 9．轮胎沟槽深度尺一只； 10．轮胎螺母拆装气动扳手	车辆维修保养手册

二、实施步骤

1．车辆预检

各小组根据任务情况对车辆进行预检，参考维修手册完成表 3-9 内容。小组共同完成所有工作任务，每个工作任务要有明确的分工，要有具体负责人。

工作中要使用三件套及翼子板防护罩，使用举升机时要确认是在支撑点位置将车辆升起。

表 3-9　车辆行驶系统维护与保养工作任务要点及分工

作业顺序	任务	工具、工作要点、注意事项	预检结果		负责人
			维护与保养	更换	
1	车桥与车架的维护与保养				
2	四轮定位检查				
3	车轮的维护与保养				

2．完成工单

小组在完成所有任务之后，填写工单，如表 3-10 所示。

表 3-10　车辆行驶系统维护与保养工单

姓名		班级		学号		小组		工位	
车辆型号		VIN		发动机型号		行驶里程		发动机排量	

工作任务：车辆行驶系统维护与保养

1. 车桥与车架的维护与保养

实操步骤：

2. 四轮定位检查

实操步骤：

3. 车轮的维护与保养

实操步骤：

存在的问题：

教师评语：

年　　月　　日

任务 3　转向系统的维护与保养

【任务导入】

汽车转向系统的功能就是按照驾驶员的意愿控制汽车的行驶方向。汽车转向系统和制动系统对汽车的行驶安全至关重要，一旦发生问题，很容易造成车毁人亡的恶性交通事故。因此，车辆在日常使用过程中针对这两个系统要高度重视，当车辆到保养周期时，应对车辆的转向系统进行维护与保养。

【相关知识】

汽车转向系统分为两大类：机械转向系统和动力转向系统。机械转向系统以驾驶员的体力作为转向动力，机械转向系统由转向操纵机构、转向器和转向传动机构三大部分组成。动力转向部分只是用来提高驾驶员的舒适性，而转向助力部分发生故障时，机械转向系统仍可以正常工作。

一、检查方向盘自由行程

将车辆停在路面上，启动发动机，保持两前轮处于直线方向， 向一侧方向轻轻转动转向盘，到车轮即将转动时为止，测量方向盘的移动量即为方向盘自由行程，最大自由行程小于 30 mm，如图 3-36 所示为方向盘自由行程的测量方法。

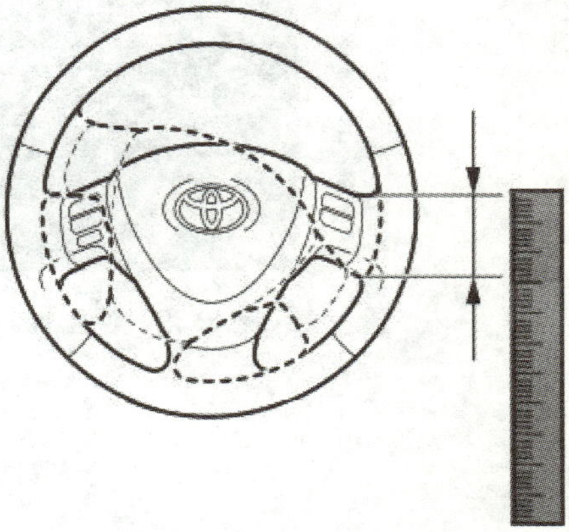

图 3-36　方向盘自由行程的测量方法

二、检查方向盘的摆动量及锁止情况

（1）方向盘摆动量的检查如图 3-37 所示，方向盘处于中间位置，两手握住方向盘，上下、左右及前后方向拉动方向盘，确保没有松动和摆动。

（2）方向盘锁止情况的检查如图 3-38 所示，将点开关打到 ACC 挡，左右反复转动方向盘，确保方向盘没有被锁止的情况。

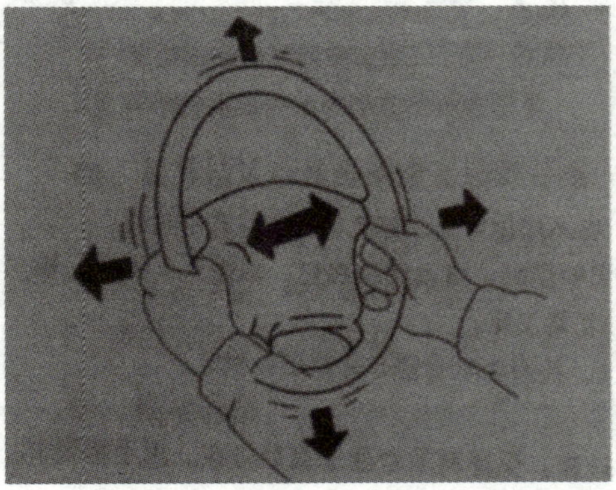

图 3-37　方向盘摆动量的检查

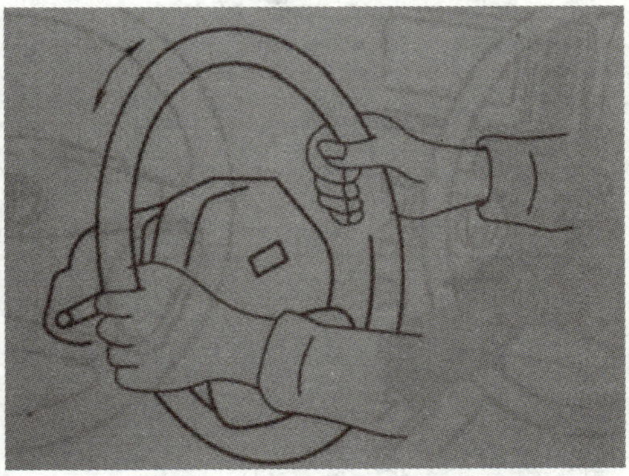

图 3-38　方向盘锁止情况的检查

三、检查转向拉杆总成

（1）检查转向横拉杆防尘套是否破损，检查拉杆球头油封是否漏油，如图 3-39 所示。

（2）检查转向拉杆是否松旷，方法是：握住拉杆，用力摇晃，检查是否有松旷。

（3）检查转向拉杆锁紧螺母是否松动，丰田卡罗拉轿车转向拉杆锁紧螺母标准力矩为 74 N · m。

（4）检查拉杆球头螺母是否松动，如图 3-40 所示，丰田卡罗拉轿车拉杆球头螺母标准力矩为 49 N · m。

（5）检查横拉杆总成固定螺栓是否松动，如图 3-41 所示为丰田卡罗拉轿车横拉杆总成示意图，标准力矩为 138 N · m，紧固时应从上方螺栓处紧固。

图 3-39　检查转向横拉杆防尘套及拉杆球头油封是否漏油

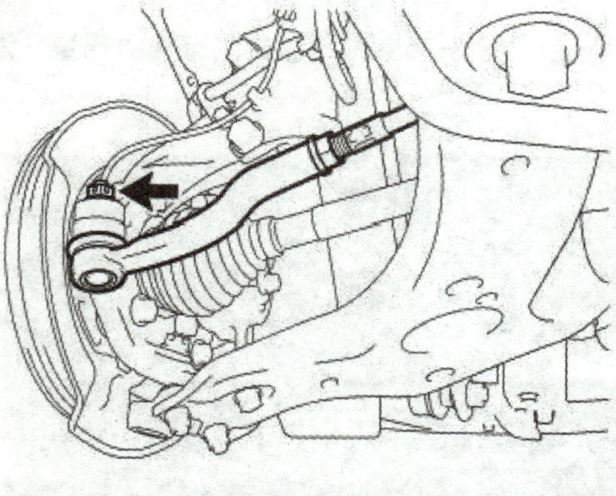

图 3-40　丰田卡罗拉轿车拉杆球头螺母

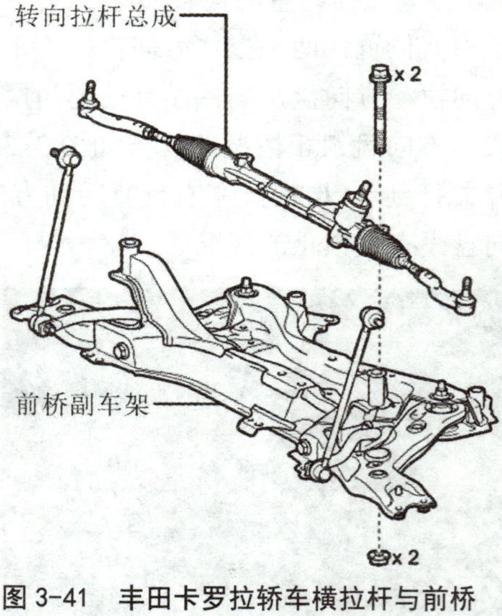

图 3-41　丰田卡罗拉轿车横拉杆与前桥副车架连接示意图

四、检查转向助力系统

1．检查油管

检查各油管接头、油管是否有渗漏，检查管路安装是否牢固。

2．检查助力转向系统储液罐油面高度

检查时应确保助力油达到正常工作温度 60～80℃。若是冷车状态下，可先启动发动机怠速运转，保持车辆原地不动，连续转动方向盘至左右极限位置数次，当发动机达到工作温度后将发动机熄火，检查液面高度应在上下标准线之间，如图 3-42 所示。

图 3-42　检查助力转向系统储液罐油面高度

3．转向助力油的更换

助力油的更换周期应按照车辆保养手册严格执行。若发现助力油颜色变黑，就要仔细检查，视情提前更换助力油。

转向助力油可以用自动变速器油，如图 3-43 所示；也可以用专用的转向助力油，如图 3-44 所示。不同品牌的转向助力油不能混用。

（1）将车辆停放维修工位，启动发动机怠速运转，使转向助力油达到正常工作温度。

（2）打开转向助力油储液罐盖，用抽油器将储液罐中的油全部抽出，然后加入新的助力油至正常液面位置，将储液罐盖上。

（3）左右反复转动方向盘，可打到极限位置，但方向盘不要停留在极限位置上。

（4）再次将储液罐中的助力油抽出，然后再注入新的助力油，随后，再次转动方向盘。

（5）第三次将转向助力油抽出，然后注入新的助力油，换油结束。

图 3-43　转向助力系统可以使用自动变速器油

图 3-44　专用的转向助力油

【任务实施】

一、准备工作

汽车转向系统维护与保养需要准备的工作内容如表 3-11 所示（以小组为单位）。

表 3-11　车辆转向系统维护与保养准备工作清单

场地准备	工量具（备件）准备	资料准备
对应小组数量：实训工位、对应数量的课桌椅、写字板 、车辆、举升机等	1. 实操车辆； 2. 吹尘枪、清洗壶、丝绵或抹布、气带、钢刷等； 3. 成套工具； 4. 三件套、翼子板防护罩； 5. 化油器清洗剂若干瓶； 6. 可调式扭力扳手一只（20～150 N·m）； 7. 沟槽深度尺一只； 8. 可调式扭力扳手一只（30～250 N·m）； 9. 轮胎气压表一只； 10. 转向助力油若干桶（1L 装）； 11. 抽油器	车辆维修保养手册

二、实施步骤

1．车辆预检

各小组根据任务情况对车辆进行预检，参考维修手册完成表 3-12 内容。小组共同完成所有工作任务，每个工作任务要有明确的分工，要有具体负责人。

工作中要使用三件套及翼子板防护罩，使用举升机时要确认在支撑点位置将车辆升起。

表 3-12　车辆转向系统维护与保养工作任务要点及分工

作业顺序	任务	工具、工作要点、注意事项	预检结果		负责人
			维护与保养	更换	
1	方向盘检查与调整				
2	转向拉杆检查与调整				
3	转向助力系统维护与保养				

2．完成工单

小组在完成所有任务之后，填写工单，如表 3-13 所示。

表 3-13　车辆转向系统维护与保养工单

姓名		班级		学号		小组		工位	
车辆型号		VIN		发动机型号		行驶里程		发动机排量	

工作任务：车辆转向系统维护与保养

1. 方向盘检查与调整

实操步骤：

2. 转向拉杆检查与调整

实操步骤：

3. 转向助力系统维护与保养

实操步骤：

存在的问题：

教师评语：

年　　月　　日

任务 4　制动系统的维护与保养

【任务导入】

制动系统的作用是使行驶中的汽车按照驾驶员的要求进行强制减速甚至停车；使已停驶的汽车在各种道路条件下(包括在坡道上)稳定驻车；使下坡行驶的汽车速度保持稳定。

汽车制动性能是汽车安全行驶的重要保证，为此，对汽车制动系统提出了许多严格的要求。当车辆到保养周期时，应对车辆的制动系统进行维护与保养。

【相关知识】

汽车制动系统是指为了在技术上保证汽车的安全行驶，提高汽车的平均速度等，而在汽车上安装专门的制动机构。一般来说汽车制动系统包括行车制动装置和停车制动装置两套独立的装置。其中行车制动装置是由驾驶员用脚来操纵的，故又称脚制动装置。停车制动装置是由驾驶员用手操纵的，故又称手制动装置。

一、制动液液面高度的检查

制动液又称刹车油（brake fluid），制动液是液压制动系统中传递制动压力的液态介质。由于制动液能够吸收空气中的水分，从而使沸点降低，当制动时制动液易沸腾，使制动系统中产生气阻，降低制动效能，因此，一般要求每 2 年（或 40000 km）更换刹车油，每次做保养时要检查刹车油。

如图 3-45 所示，制动液液面应该在 MAX 与 MIN 两线之间。

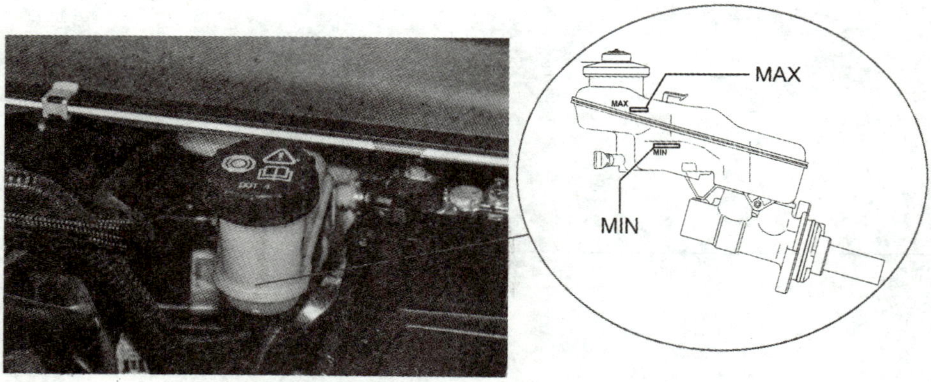

图 3-45　制动液液面高度检查

二、制动液的选用

常用制动液如图 3-46 所示。选择厂家指定的制动液或选择通用的制动液均可以，如一汽车大众轿车要求制动液的等级标准为 DOT4，只要质量等级与 DOT4 对应的制动液都可使用，但不同品牌的刹车油绝对不能混用。

国际上通用的汽车刹车油标准有以下三个：

（1）美国联邦机动车安全委员会（FMVSS）委托美国运输部（DOT）制定的 FMVSS No.116 标准，按其标准分为 DOT3、DOT4、DOT5 三种型号制动液。

（2）美国汽车工程师协会（SAE）制定的 SAE 标准，按其标准分为 SAE J1703、SAE

J1703-88、SAE J1705-88 三种型号制动液。

（3）国际标准化组织（ISO）制定的 ISO 4925 标准。

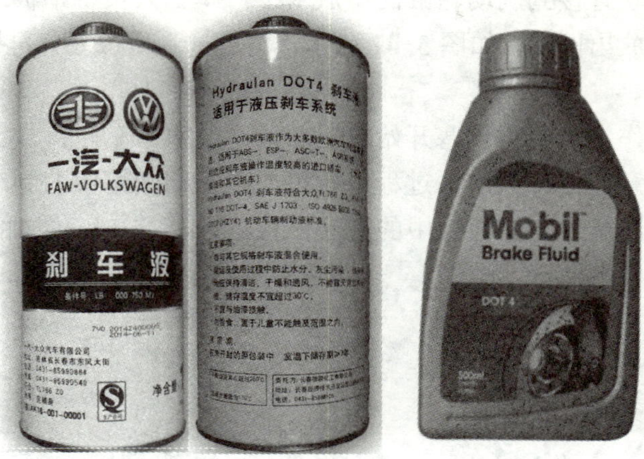

（a）专用制动液　　　　（b）通用制动液

图 3-46　常用制动液

我国国家标准 GB10830—1989 汽车刹车油使用技术条件规格按其标准分为 JG2、JG3、JG4、JG5 四种型号制动液；国家标准 GB12981—2012 合成制动液技术条件规格，按其标准分为 HZY2、HZY3、HZY4 三种型号制动液。

其中：

①JG2 级刹车油适用于设计时速不高的国产小型车辆的液压制动系统。

②JG3 级刹车油适用于国产轿车和中、重型卡车的液压制动系统。

③JG4 级刹车油适用于中外合资、进口轿车及进口卡车的液压制动系统。

④JG5 级刹车油适用于厂家有特殊要求，推荐使用 JG5 级刹车油的车辆液压制动系统。

常见的国内外汽车制动液分类如表 3-14 所示。

表 3-14　国内外汽车制动液分类对照表

FMVSS No.116	SAE	ISO	GB10830	GB12981
—	—	—	JG2	HZY2
DOT3	SAE J1703	ISO 4925	JG3	HZY3
DOT4	SAE J1703-88		JG4	HZY4
DOT5	SAE J1705-88	—	JG5	—

三、制动液的更换

制动液使用 2 年或 40000 km 就要强制更换。换制动液的要点是边放旧油边加新油，始终确保储液罐中的制动液不能低于 MIX 线，目的是防止空气进入刹车系统中。

更换制动液的步骤如下。

（1）清理储液罐周围的灰尘，打开储液罐盖，确认制动液位于 MIN 线上。

（2）一人位于驾驶室内踩制动踏板，另一人位于车下排放旧制动液，二人必须互相喊口号配合。

（3）四个车轮放旧油的顺序是：右后轮→左后轮→右前轮→左前轮。

（4）车下人员用软管接到制动轮缸的排放塞上，车上人员将踏板踩到底并保持不动，车下人员拧松排放塞放出旧油，如图 3-47 所示；然后拧紧排放塞，再松开制动踏板，如图 3-48 所示。

（5）重复以上动作，直到排放塞开始放出新油时结束此车轮排放。按顺序进行下一个车轮的旧油排放。注意，在排放旧油过程中始终要确保储液罐中的制动液不低于 MIN 线，边排放旧油边观察储液罐，当储液罐中的制动液接近 MIN 线时，补加新油到 MAX 线处。

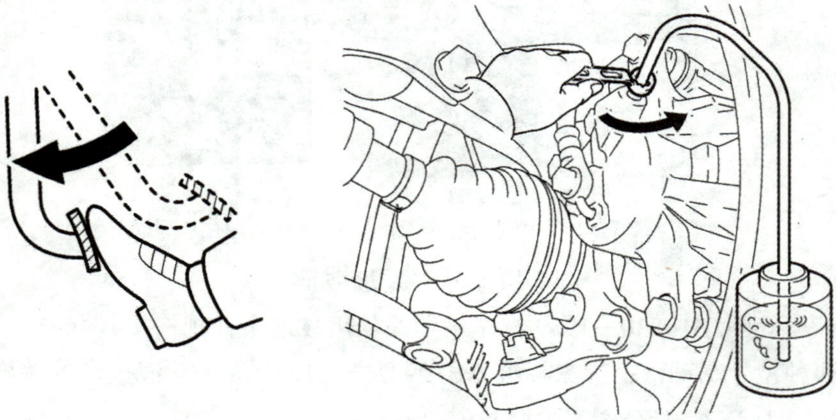

（a）将踏板踩到底并保持不动　　（b）拧松排放塞排油

图 3-47　先踩踏板到底再拧松排放塞

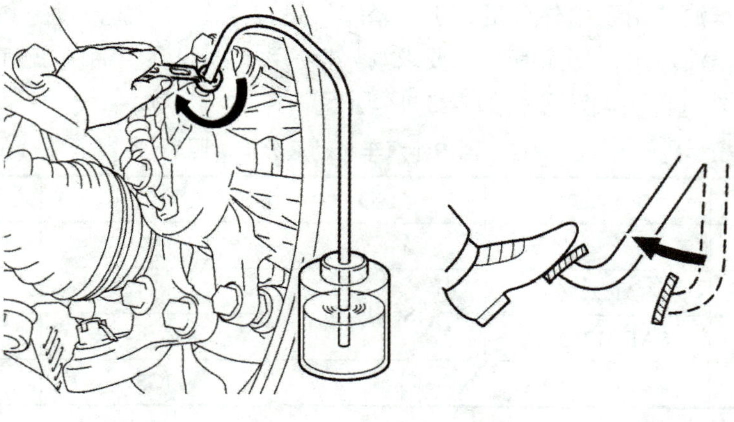

（a）拧紧排放塞　　（b）松开踏板

图 3-48　先拧紧排放塞再松开踏板

四、制动管路的检查

（1）检查制动管路中所有的接头处是否存在泄漏，如图 3-49 所示。

（2）检查制动软管是否有裂纹、扭曲及凸起等损伤，如图 3-50 所示。

（3）检查制动管路是否有压痕和折叠等情况，安装是否牢固，如图 3-51 所示。

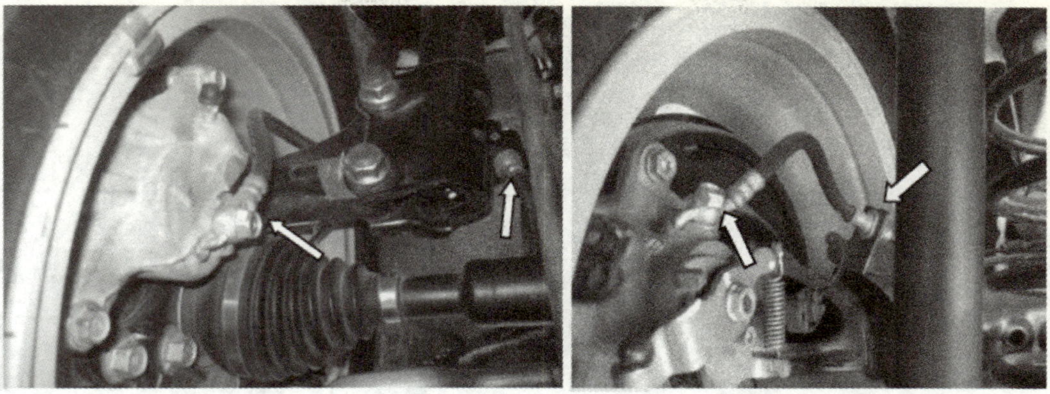

（a）前轮制动软管与制动管路及制动分泵的接头　（b）后轮制动软管与制动管路及制动分泵的接头

图 3-49　检查制动管路中所有的接头

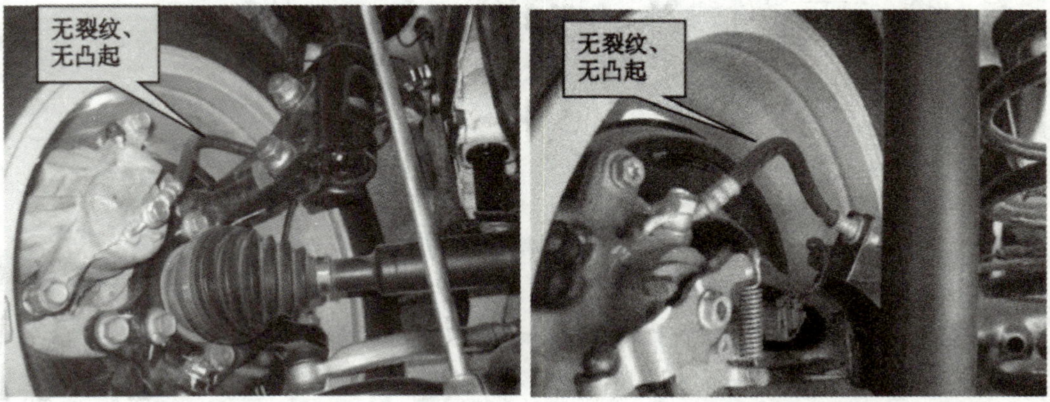

（a）前轮制动软管　　（b）后轮制动软管

图 3-50　检查制动软管是否有裂纹及凸起

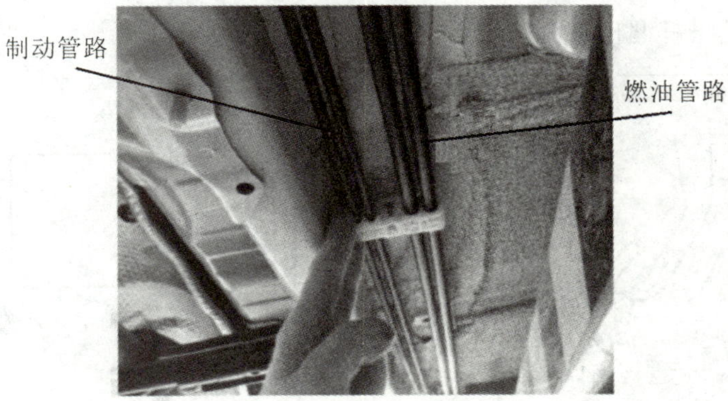

图 3-51　检查制动管路燃油管路是否有压痕、折叠及安装是否牢固等情况

五、制动踏板高度的检查

翻起地毯，制动踏板处于自由状态，用钢直尺测量制动踏板表面到地板之间的最短距离。如图 3-52 所示为丰田卡罗拉轿车制动踏板高度的检查与调整的方法，丰田卡罗拉轿车制动踏板高度为 145.8～155.8 mm。

若制动踏板高度不符合标准，则需要调整，调整方法如下：

（1）断开刹车灯开关连接器并拆下刹车灯开关总成。

（2）松开 U 形夹锁紧螺母。

（3）转动制动主缸推杆，调整至规定值即可。

（4）按规定力矩拧紧锁紧螺母，卡罗拉轿车锁紧螺母的规定力矩为 26 N·m。

（5）安装刹车灯开关总成并连接刹车灯开关连接器。

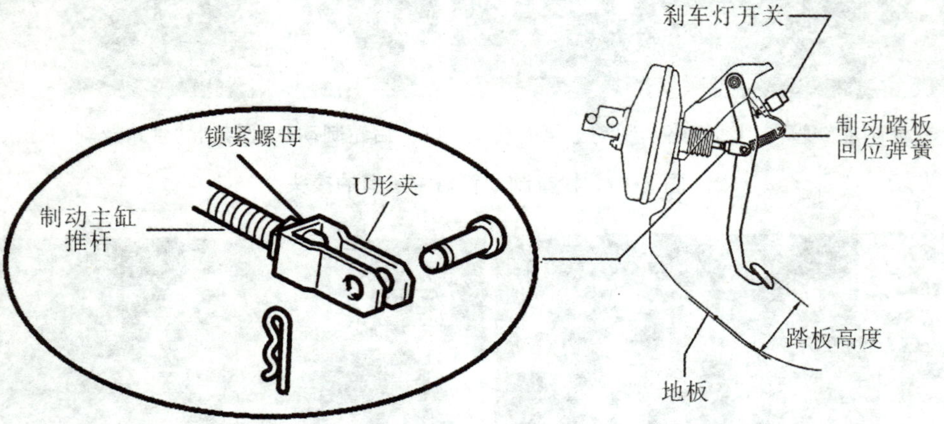

图 3-52　丰田卡罗拉轿车制动踏板高度的检查与调整

六、制动踏板自由行程的检查

丰田卡罗拉轿车制动踏板自由行程的检查与调整方法如图 3-53 所示。

（1）关闭发动机，多次踩下制动踏板至制动助力器内无真空。

（2）制动踏板处于自由状态，用手按下制动踏板直至感觉到轻微的阻力时踏板所移动的距离即为制动踏板的自由行程。

（3）丰田卡罗拉轿车制动踏板自由行程为 1.0～6.0 mm，若测量结果不符标准，则需要检查刹车灯开关推杆凸出部分间隙。

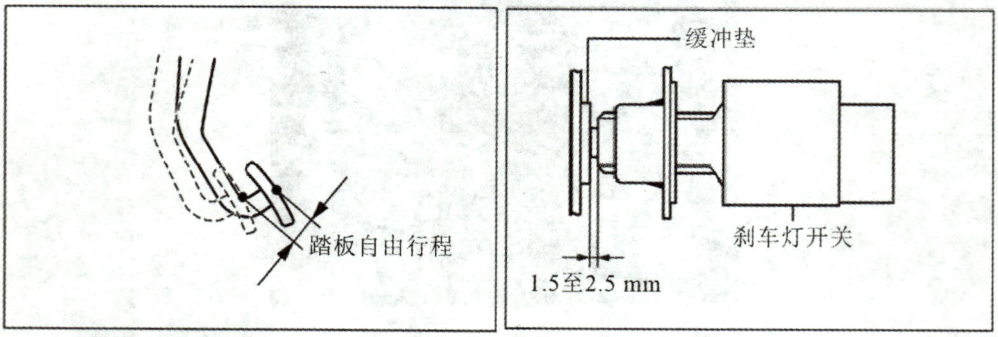

图 3-53　丰田卡罗拉轿车制动踏板自由行程的检查与调整

七、制动踏板行程余量的检查

（1）启动发动机怠速运转，松开驻车制动。

（2）踩下制动踏板，如图 3-54 所示为丰田卡罗拉轿车制动踏板行程余量的测量方法。

（3）注意，此时地板上的测量点与检查制动踏板高度的测量点应相同。

（4）踏板力为 294 N 时，丰田卡罗拉轿车制动踏板行程余量为 85 mm。

若测量结果不符合标准，则需要对制动系统进一步诊断，视情修理，可能是制动系统有空气、泄漏、制动器卡滞等原因。

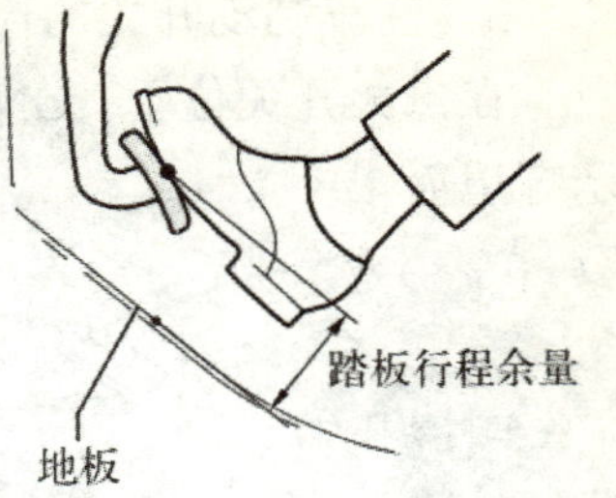

图 3-54　丰田卡罗拉轿车制动踏板行程余量的测量方

八、真空助力器的检查

1．真空助力器性能检查

（1）在发动机关闭的情况下踩踏板数次，每次制动踏板行程余量应没有变化。

（2）踏住制动踏板，然后启动发动机，踏板应继续下移，如图 3-55 所示。

2．气密性检查

（1）启动发动机怠速运行，踩下制动踏板到底并保持 30 s 不动，如果踏板行程余量没有变化，则说明助力器气密性良好。

（2）关闭发动机，慢慢踩下制动踏板数次，如果第一次踏板可以踩到底，但第二次和第三次不能踩到底，则说明助力器气密性良好，如图 3-56 所示。

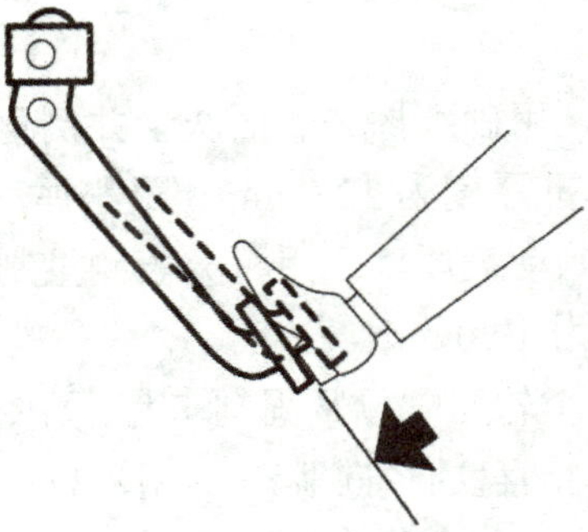

图 3-55　真空助力器性能检查

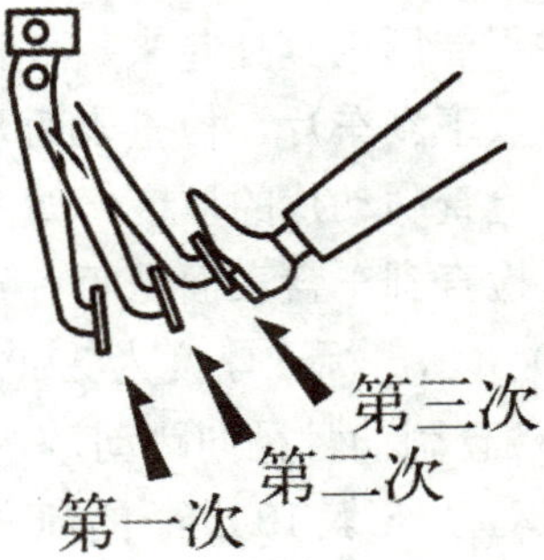

图 3-56　真空助力器气密性检查

九、驻车制动系统的检查

如图 3-57 所示为丰田卡罗拉轿车驻车制动杆及拉索结构图，驻车制动检查步骤如下。

1．驻车制动杆行程的检查

确认驻车制动杆在关闭位置，缓慢将驻车制动杆向上拉到底（约 200 N 的力），计算咔嗒声的次数，应该为 6～9 个槽口。

2．驻车制动杆行程的调整

若驻车制动杆行程不符合要求，则需要对驻车制动杆行程进行调整，方法如下。

（1）发动机熄火状态，将制动踏板踩到底，反复 3～5 次；

（2）松开锁紧螺母，转动调整螺母，直到驻车制动杆行程符合要求为止；

（3）拧紧锁紧螺母 26 N·m；

（4）操作驻车制动杆 3～4 次，确认驻车制动杆行程符合规定。

3．驻车制动开关的检查

在点火开关位于“ON”挡时，拉起制动杆时，驻车指示灯亮，放下驻车制动杆时，指示灯熄灭。

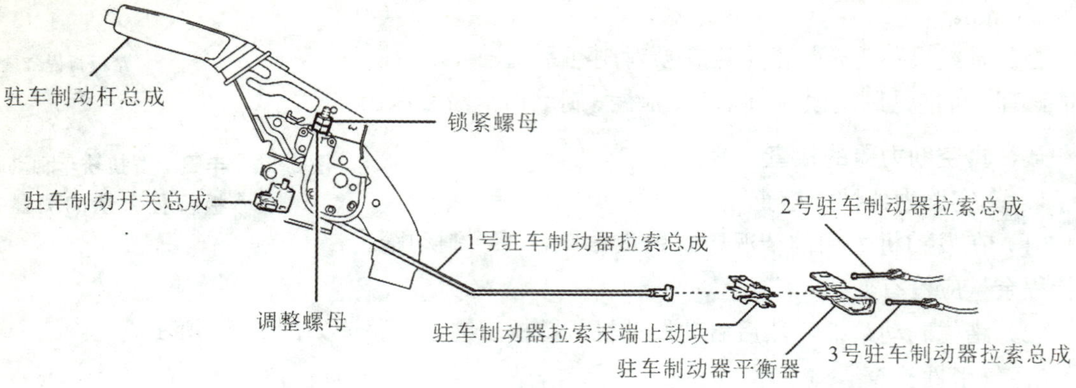

图 3-57　丰田卡罗拉驻车制动杆及拉索结构图

十、盘式制动器的检查

以卡罗拉轿车为例，制动器的检查步骤如下。

（1）升起车辆，拆下所有车轮，然后对每个车轮制动器逐一进行检查。

（2）拆下制动钳导向螺栓，如图 3-58 所示，检查制动轮缸是否有泄漏，然后拆下制动钳上翻并用专用工具挂起来。

（3）取下刹车片，检查表面是否有异常磨损，用砂纸擦去表面灰尘并倒角。

（4）检查制动片的厚度，如图 3-59 所示，标准厚度为 12.0 mm，最小厚度为 1.0 mm。

（5）检查刹车盘表面是否有异常磨损，检查制动盘厚度，用百分表测量制动盘厚度，如图 3-60 所示，标准厚度为 22.0 mm，最小厚度为 19.0 mm。

（6）检查制动盘径向跳动，先用专用工具用 2 个轮胎螺母紧固刹车盘，如图 3-61 所示；在距离制动盘外缘 10 mm 的地方用百分表测量制动盘的径向跳动，如图 3-62 所示，制动盘最大径向跳动为 0.05 mm。

（7）安装刹车片时应在与消音垫片接触的部位涂抹刹车片专用润滑脂，并确保刹车片工作面上不能有润滑脂。

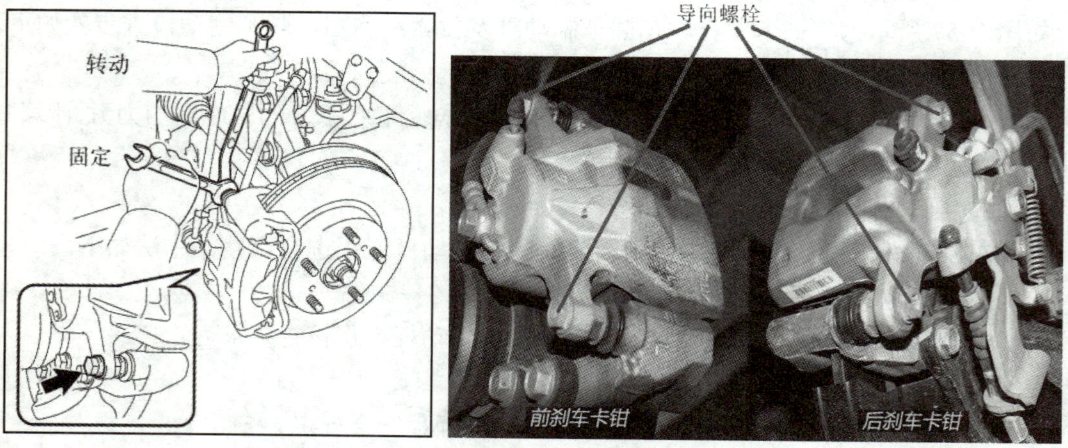

图 3-58　以卡罗拉轿车制动钳导向螺栓

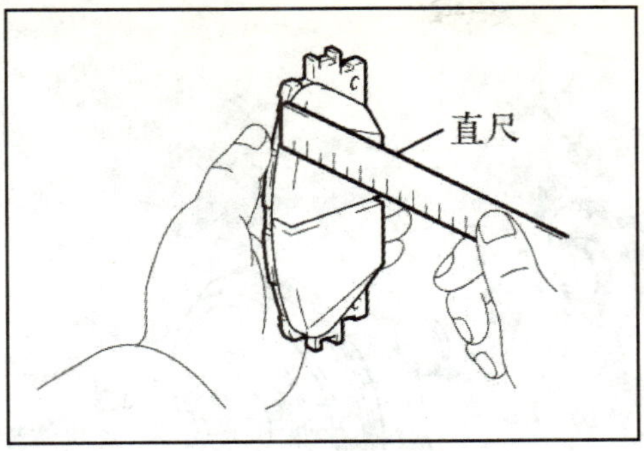

图 3-59　检查制动片的厚度

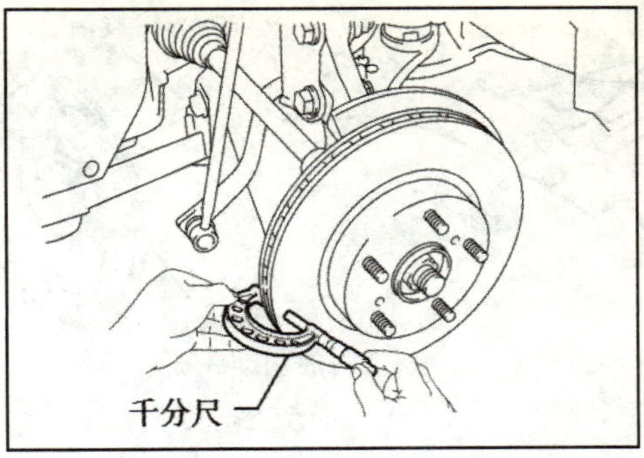

图 3-60　用千分尺测量制动盘厚度

图 3-61　紧固刹车盘

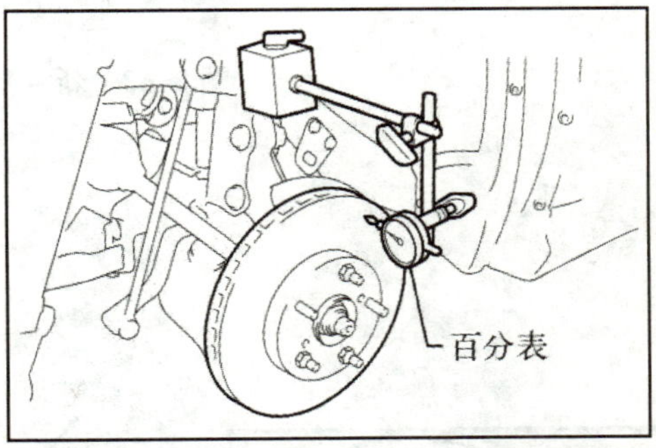

图 3-62　用百分表测量制动盘的径向跳动

（8）安装制动钳导向螺栓时，应在导向螺栓上涂抹润滑脂，拧紧螺栓，规定力矩为 34 N・m。

（9）踩下制动踏板数次，确认制动器正常工作，然后按此程序进行下一车轮制动器的检查，最后恢复车辆。

十一、鼓式制动器的检查

以新宝来轿车为例，鼓式制动器的检查步骤如下。

（1）升起车辆，拆下后轮，然后对每个后轮制动器逐一进行检查。

（2）新宝来轿车鼓式制动器结构如图 3-63 所示，拆下定位螺栓，将螺丝刀插入制动鼓螺纹孔中并且向上推楔形块，拆下制动鼓，如图 3-64 所示。用砂纸彻底清洁并检查制动鼓的磨损情况及制动面是否完好，检查刹车分泵是否漏油。制动鼓标准直径为 230 mm，极限直径为 231 mm。

（3）如图 3-65 所示，拆下弹簧和弹簧座，取下下回位弹簧，拆下手制动拉索，取下制动蹄片。用砂纸彻底清洁并检查制动鼓的磨损情况及制动面是否完好，测量制动蹄片的厚度，不得小于 2.5 mm，否则更换制动蹄总成。

（4）安装时，推杆接触面、下回位弹簧接触面需要涂抹润滑脂。

（5）踩下制动踏板数次，确认制动器正常工作，然后按此程序进行下一个后轮制动器的检查，最后安装好轮胎，轮胎标准力矩 120 N・m，恢复车辆。

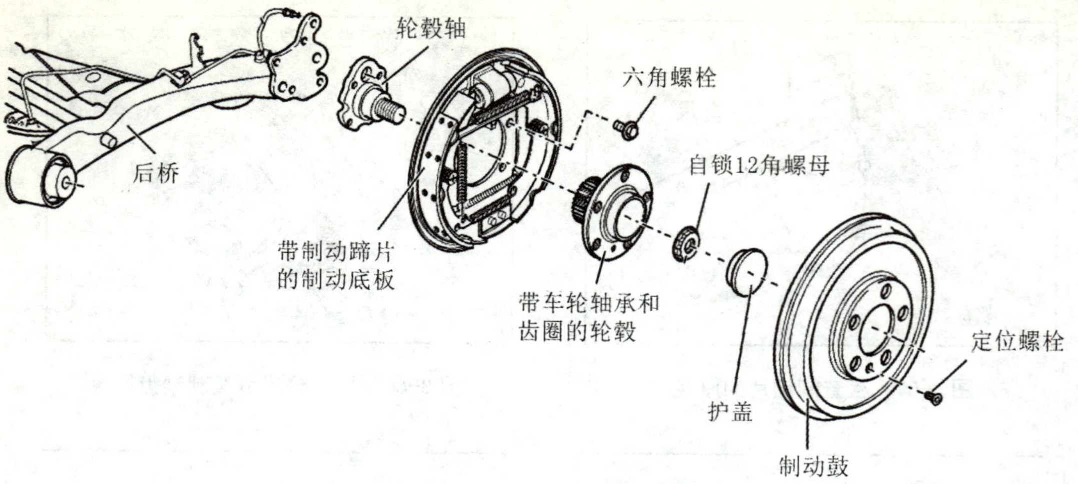

图 3-63　新宝来轿车鼓式制动器结构

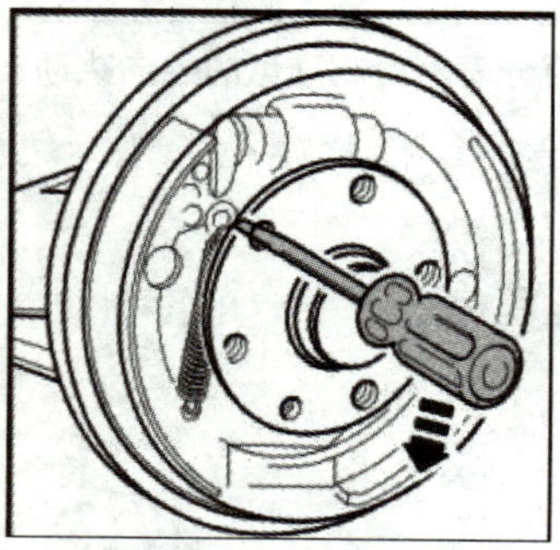

图 3-64　推开楔形块拆下制动鼓

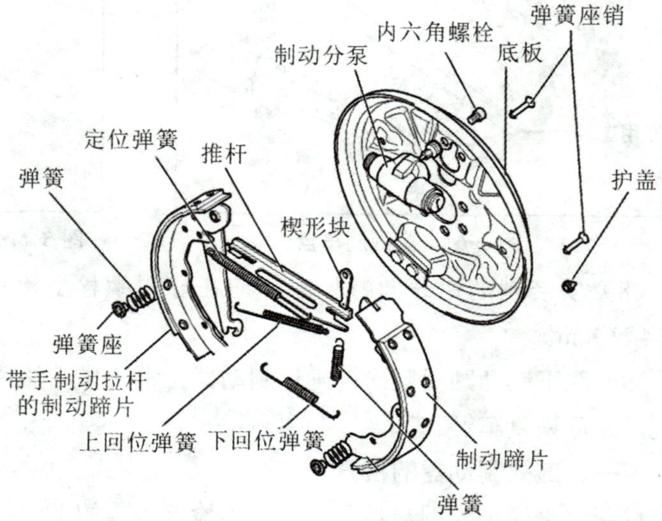

图 3-65　制动蹄

【任务实施】

一、准备工作

制动系统维护与保养需要准备的工作内容如表 3-15 所示（以小组为单位）。

表 3-15　制动系统维护与保养准备工作清单

场 地 准 备	工量具（备件）准备	资 料 准 备
对应小组数量：实训工位、对应数量的课桌椅、写字板 、车辆、举升机等	1. 实操车辆； 2. 吹尘枪、清洗壶、丝绵或抹布、气带、钢刷等； 3. 三件套、翼子板防护罩； 4. 成套工具； 5. 可调式扭力扳手一只（20～150 N•m）； 6. 可调式扭力扳手一只（30～250 N•m）；	车辆维修保养手册

续表

场地准备	工量具（备件）准备	资料准备
	7．化油器清洗剂若干瓶； 8．手电筒一只； 9．刹车油若干桶（1L装）； 10．千分尺一套； 11．0.01精度的百分表1只； 12．磁力座一套； 13．游标卡尺一把； 14．刹车片专用润滑脂一桶； 15．轮胎气压表一只	

二、实施步骤

1．车辆预检

各小组根据任务情况对车辆进行预检，参考维修手册完成表3-16内容。小组共同完成所有工作任务，每个工作任务要有明确的分工，要有具体负责人。

工作中要使用三件套及翼子板防护罩，使用举升机时要确认在支撑点位置将车辆升起。

表3-16　车辆制动系统维护与保养工作任务要点及分工

作业顺序	任务	工具、工作要点、注意事项	预检结果		负责人
			维护与保养	更换	
1	制动液检查与更换				
2	制动踏板检查				
3	真空助力器检查				
4	驻车制动的检查				
5	盘式制动器维护与保养				
6	鼓式制动器维护与保养				

2．完成工单

小组在完成所有任务之后，填写工单，如表3-17所示。

表3-17 车辆制动系统维护与保养工单

姓名		班级		学号		小组		工位	
车辆型号		VIN		发动机型号		行驶里程		发动机排量	

工作任务：车辆制动系统维护与保养

1. 制动液的检查与更换

实操步骤：

2. 制动踏板的检查

实操步骤：

3. 真空助力器的检查

实操步骤：

4. 驻车制动的检查

实操步骤：

5. 盘式制动器维护与保养

实操步骤：

6. 鼓式制动器维护与保养

实操步骤：

存在的问题：

教师评语：

年　　月　　日

项目 4　汽车电器的维护与保养

【项目导读】

❖ 知识目标

（1）掌握汽车照明、信号及仪表系统维护与保养方法。

（2）掌握汽车电源及附属电器系统维护与保养方法。

（3）掌握汽车安全与舒适系统维护与保养方法。

（4）掌握汽车空调系统维护与保养方法。

❖ 能力目标

（1）能正确对汽车照明、信号及仪表系统进行维护与保养。

（2）能正确对汽车电源及附属电器系统进行维护与保养。

（3）能正确对汽车安全与舒适系统进行维护与保养。

（4）能正确对汽车空调系统进行维护与保养。

任务 1　汽车照明及信号系统的维护与保养

【任务导入】

车辆照明及信号系统主要包括远光灯、近光灯、牌照灯、仪表灯、顶灯、雾灯、转向灯、制动灯、倒车灯、指示灯、警告灯、行李厢灯、工作灯、门灯、喇叭及蜂鸣器等部件，直接影响汽车行驶的安全。由于道路交通越来越拥挤，交通事故频繁发，因此，国家对车辆照明及信号设备在法律上已有明确规定。为了更好地提高汽车行驶的安全性，在车辆到保养周期时，应对车辆的传动系统进行检查。

【相关知识】

汽车照明与信号系统的功能主要是由灯光开关控制，汽车灯光开关可以安装在仪表板上，如图 4-1 所示；也可以安装在转向柱上，如图 4-2 所示。将车灯开关拧到小灯挡或大灯挡后，雾灯开关才能打开，如图 4-3 所示，向上拉一挡前雾灯亮，向上拉两挡，前、后雾灯同时亮。

一、检查车辆前部灯光

在进行车辆外部灯光检车时，需由两人配合完成，检查灯光的人员站在车外，通过手势告知驾驶室内工作人员打开相应车辆灯光，另一人在驾驶室内操纵灯光开关，同时检查开关及仪表显示情况。下面以上海大众帕萨特为例说明双人配合检查车辆外部灯光的方法。

图 4-1　安装在仪表板上的灯光开关功能简介

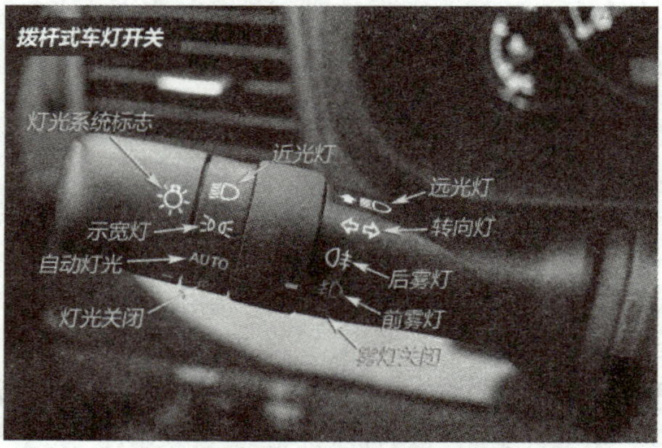

图 4-2　安装在转向柱上的灯光开关功能简介

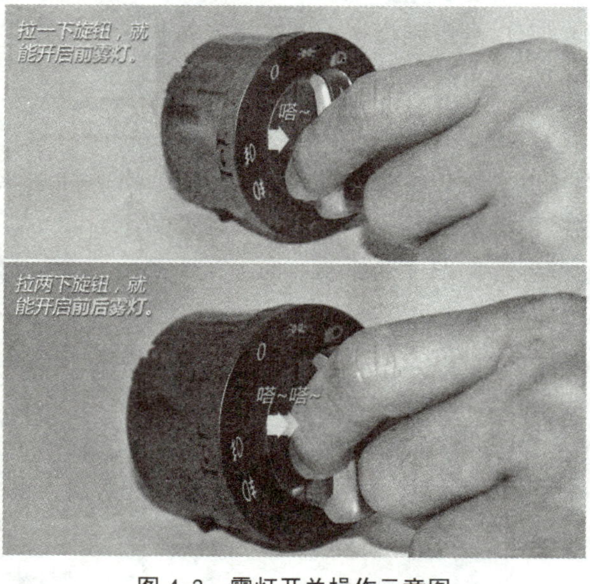

图 4-3　雾灯开关操作示意图

1. 检查右前驻车灯

左臂向左伸展，左手掌心向前，四指并拢与手掌垂直，指向前车灯位置，如图 4-4 所示。

2. 检查左前驻车灯

右臂向右伸展，右手掌心向前，四指并拢与手掌垂直，指向前车灯位置，如图 4-5 所示。

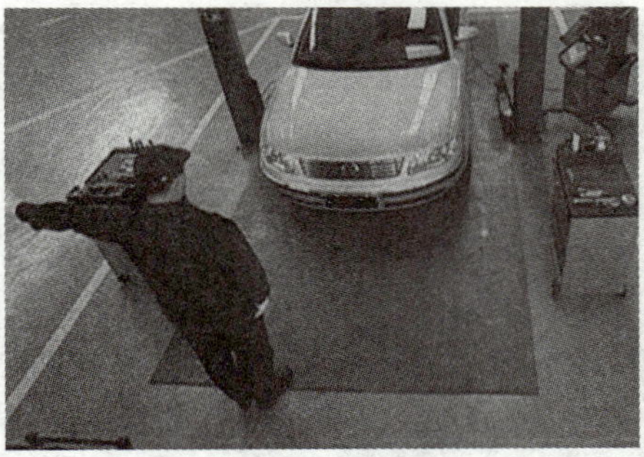

图 4-4　检查右前驻车灯

图 4-5　检查左前驻车灯

3. 检查前示宽灯

双手向两侧平伸，手掌向前，四指并拢与手掌垂直，指向前车灯位置，如图 4-6 所示。

4. 检查近光灯

双手向前平伸，手掌向下，四指并拢与手掌垂直，向下斜指地面，如图 4-7 所示。

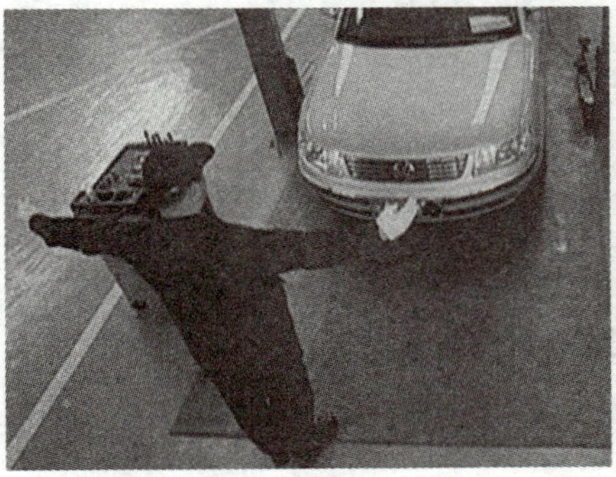

图 4-6　检查前示宽灯

图 4-7　检查近光灯

5. 检查远光灯

双手向前，双臂向上弯曲，手掌摊开，掌心朝后，如图 4-8 所示。

6. 检查前雾灯

双手平伸向前，双手握拳，大拇指指向地面，如图 4-9 所示。

图 4-8　远光灯

图 4-9　检查前雾灯

7．检查转向灯

右前转向灯：左臂向左侧平伸，手掌向下，四指向下摆动，示意闪烁，如图 4-10 所示。

左前转向灯：右臂向右侧平伸，手掌向下，四指向下摆动，示意闪烁，如图 4-11 所示。

图 4-10　检查前右转向灯

图 4-11　检查前左转向灯

8．检查前安全警告灯（应急灯）

两臂向两侧平伸，手掌向下，两手四指向下摆动，示意闪烁，如图 4-12 所示。

图 4-12　检查前安全警告灯

二、车辆后部灯光检查手势

1. 检查右后驻车灯

右臂向右伸展，右手掌心向前，四指并拢并与手掌垂直指向前车灯位置，如图 4-13 所示。

2. 检查左后驻车灯

左臂向左伸展，左手掌心向前，四指并拢并与手掌垂直指向前车灯位置，如图 4-14 所示。

图 4-13　检查右后驻车灯

图 4-14　检查左后驻车灯

3. 检查后示宽灯（包括牌照灯）

双臂向两侧平伸，手掌向前，四指并拢并与手掌垂直指向前方，如图 4-15 所示。

4. 检查倒车灯

双臂朝前向上弯曲，手掌摊开，四指并拢，掌心朝后，如图 4-16 所示。

图 4-15　检查后示宽灯

图 4-16　检查倒车灯

5. 检查转向灯

右后转向灯：右臂向右侧平伸，手掌向下，四指向下摆动，示意闪烁，如图 4-17 所示。

左后转向灯：左臂向左侧平伸，手掌向下，四指向下摆动，示意闪烁，如图 4-18 所示。

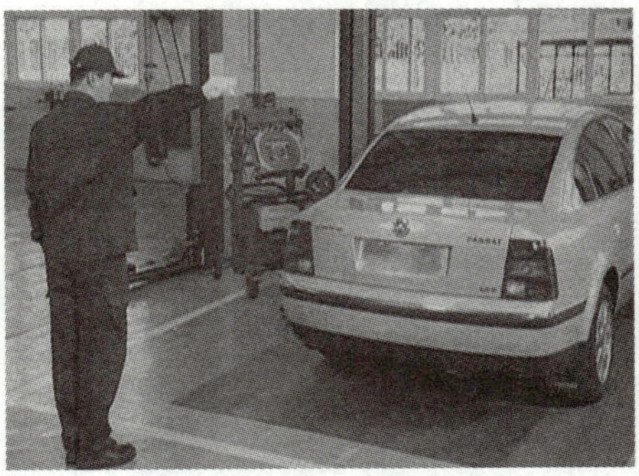

图 4-17　检查右后转向灯

图 4-18　检查左后转向灯

6. 检查制动灯

双手正前方向下成 60° 舒展，双手平放，掌心向下，四指指向车灯处，如图 4-19 所示。

7. 检查后安全警告灯

两臂向两侧平伸，手掌向下，两手四指向下摆动，示意闪烁，如图 4-20 所示。

图 4-19　检查制动灯

图 4-20　检查后安全警告灯

8. 检查后雾灯

双手平伸向前，双手握拳，大拇指与四指垂直并指向地面，如图 4-21 所示。

9. 倒车雷达

如图 4-22 所示，倒车雷达使用单手检查，车内维修工判断倒车雷达警报是否正常。

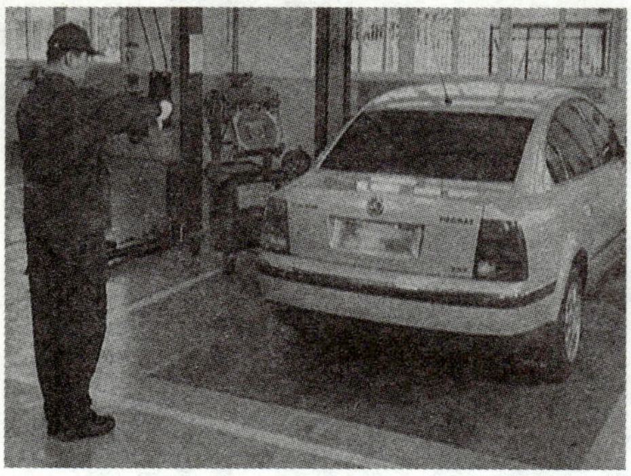

图 4-21　检查后雾灯

图 4-22　检查后牌照灯和倒车雷达

三、检查车内灯光

1. 仪表灯及亮度调节

为了防止仪表灯炫目，影响驾驶员夜间驾驶时的视线，仪表板亮度是可调的，其调节旋钮如图 4-1 所示，转动仪表板亮度调节开关，观察仪表亮度是否有变化。

2. 检查车内阅读灯

如图 4-23 所示，打开车内前后阅读灯开关到常亮挡位，观察灯是否亮；打开阅读灯开关到门控挡位，此时打开车门，观察灯是否亮。

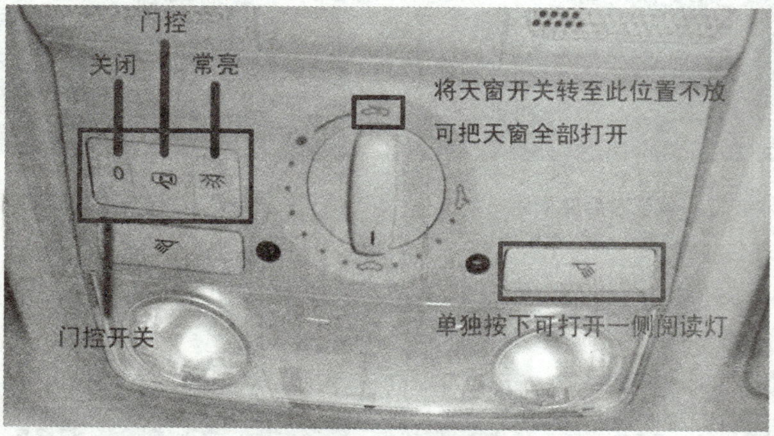

图 4-23　车内阅读灯检查

3. 检查门控灯

将顶灯开关打到门控灯位置，关闭好四个车门，分别打开、关闭每个车门，观察门控灯是否正常工作。

4. 检查储物盒及后备舱灯光

如图 4-24 及图 4-25 所示，分别打开储物盒及后备箱，检查储物盒照明灯及后备箱照明灯是否正常。

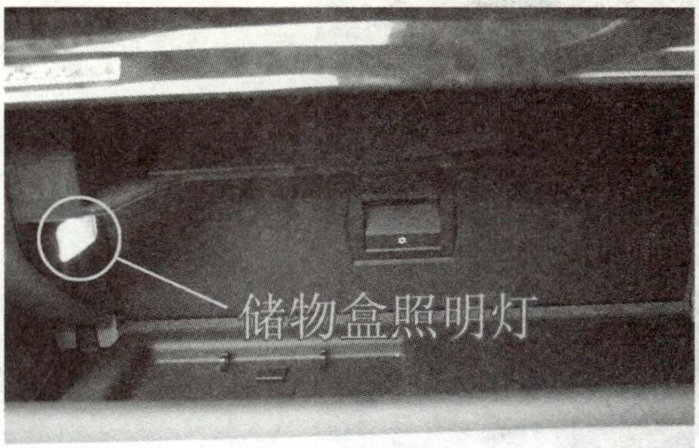

图 4-24　储物盒照明灯

图 4-25　后备箱照明灯

按下方向盘上的喇叭开关，并注意听喇叭声响，是否正常。

四、仪表的检查

（1）打开点火开关到 ON 挡，观察仪表报警灯显示情况。

如图 4-26 所示为一汽大众速腾轿车点火开关打到 ON 挡一瞬间仪表报警灯显示情况；图 4-27 所示为一汽大众速腾轿车点火开关打到 ON 挡 2～6 s 仪表报警灯显示情况；图 4-27 所示为一汽大众速腾轿车点火开关打到 ON 挡 6 s 以后仪表报警灯显示情况；图 4-28 所示为一汽大众速腾轿车发动机启动后仪表报警灯显示情况。

图 4-26　一汽大众速腾轿车点火开关打到 ON 挡一瞬间仪表报警灯显示情况

图 4-27　一汽大众速腾轿车点火开关打到 ON 挡 2～6 s 仪表报警灯显示情况

图 4-27　一汽大众速腾轿车点火开关打到 ON 挡 6 s 后仪表报警灯显示情况

图 4-28　一汽大众速腾轿车发动机启动后仪表报警灯显示情况

（2）检查安全带指示灯是否正常。

（3）检查车门未关严指示灯是否正常。

（4）检查驻车指示灯是否正常。

（5）保养周期指示器清零。

如图 4-29 所示，当车辆到保养周期做完保养后，必须将保养周期指示器清零，方法如下：

（1）关闭点火开关后，按住回零调整按钮 B。

（2）打开闭点火开关后，松开回零调整按钮 B。

（3）按压按钮 A，保养周期显示被重置。

（4）恢复显示模式。

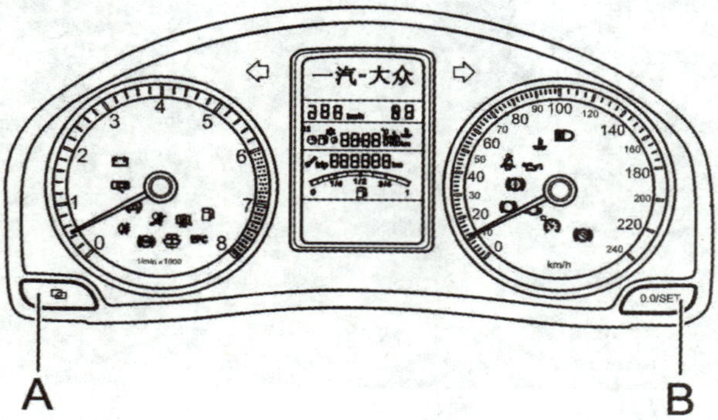

图 4-29　保养周期指示器清零的方法

【任务实施】

一、准备工作

汽车照明及信号统维护与保养需要准备的工作内容如表 4-1 所示（以小组为单位）。

表 4-1　汽车照明及信号系统维护与保养准备工作清单

场 地 准 备	工量具（备件）准备	资 料 准 备
对应小组数量：实训工位、对应数量的课桌椅、写字板 、车辆、举升机等	1．实训车辆； 2．三件套、翼子板防护罩； 3．成套工具； 4．化油器清洗剂若干瓶	车辆维修保养手册

二、实施步骤

1．车辆预检

各小组根据任务情况对车辆进行预检，参考维修手册完成表 4-2 内容。小组共同完成所有工作任务，每个工作任务要有明确的分工，要有具体负责人。

工作中要使用三件套及翼子板防护罩，使用举升机时要确认在支撑点位置将车辆升起。

表 4-2　汽车照明及信号系统维护与保养工作任务要点及分工

作业顺序	任务	工具、工作要点、注意事项	预检结果		负责人
			维护与保养	更换	
1	前部灯光检查				
2	后部灯光检查				
3	车内照明检查				
4	仪表、喇叭检查				

2．完成工单

小组在完成所有任务之后，填写工单，如表 4-3 所示。

表 4-3　汽车照明及信号系统维护与保养工单

姓名		班级		学号		小组		工位	
车辆型号		VIN		发动机型号		行驶里程		发动机排量	

工作任务：汽车照明及信号系统维护与保养

1．前部灯光检查

实操步骤：

2．后部灯光检查

实操步骤：

3．车内照明检查

实操步骤：

4．仪表、喇叭检查

实操步骤：

存在的问题：

教师评语：

年　　月　　日

任务 2　电源及附属电器装置的维护与保养

【任务导入】

在车辆到保养周期时，应对蓄电池、刮水器、洗涤器、除霜等功能进行检查。

【相关知识】

1. 检查蓄电池

蓄电池的性能决定启动机能否顺利启动，蓄电池的保养内容如下。

（1）检查电瓶夹子的紧固情况，如图 4-30 所示。用手来回转动电瓶正极线和负极线夹子，如果松动，则需要紧固，标准力矩 5 N • m。

（2）检查蓄电池的充电状态。目视检查电瓶状态指示灯的颜色，如图 4-31 所示。

绿色：电瓶电量充足。

黑色：充电量小或没有电。

无色或黄色：需要更换。

（3）电瓶电压的检查。关闭点火开关，测量两极间电压是否正常，测量值应为 12.5 V 或更高。

（4）蓄电池的充电。如果蓄电池电量不足时，就要及时充电。蓄电池与充电机的连接方式如图 4-32 所示，充电机的正极（+12V）与蓄电池的正极相接，充电机的负极与蓄电池的负极相接；充电电流大小应小于蓄电池额定容量的 1/10（单位为安培），如图 4-33 所示，需要充电 5～8 h。

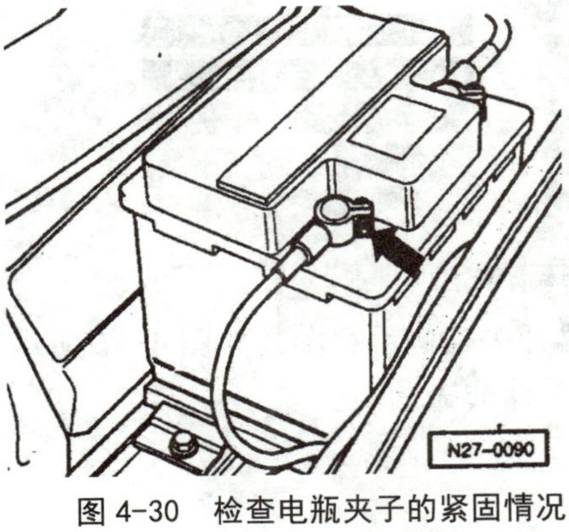

图 4-30　检查电瓶夹子的紧固情况

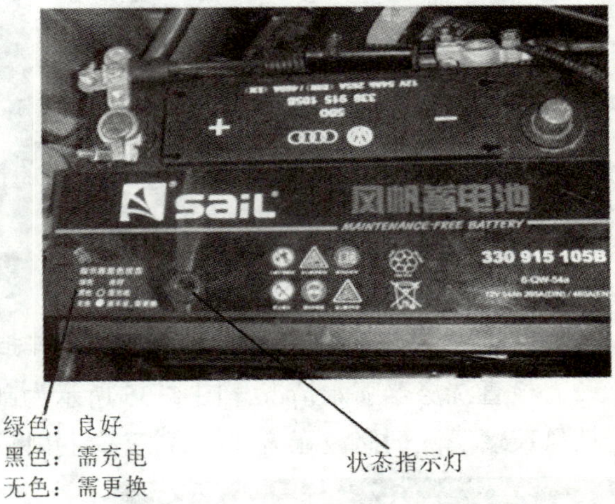

图 4-31　检查电瓶状态指示灯的颜色

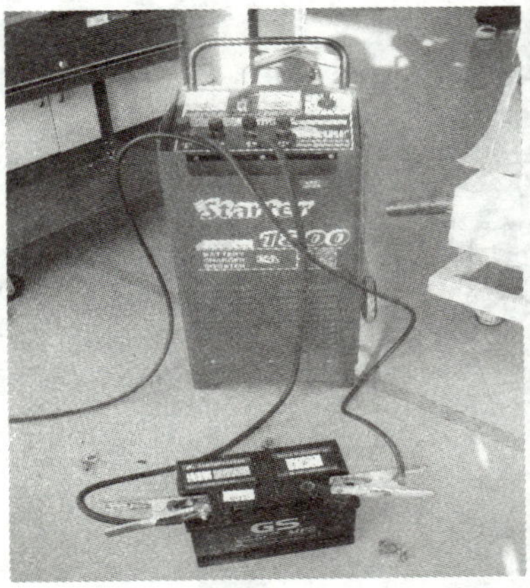

图 4-32　蓄电池与充电机的连接方式

图 4-33　充电电流的调整

2. 检查发电机

检查发电机的接线端子是否正常，检查发动机皮带是否正常，检查发电机轴承是否有异响。发动机怠速运转，测量蓄电池端电压应大于 13 V。

3. 检查启动机

检查启动的接线端子是否正常，检查启动机工作是否有异常。

4. 刮水器、洗涤器工作情况检查

（1）汽车挡风玻璃清洗剂（玻璃水）的选择。汽车玻璃附着污垢的主要成分为泥沙、灰尘、树胶、虫胶、昆虫遗体等，为了保证冬季使用，汽车挡风玻璃清洗剂还要防冻。由于乙醇价格适中，溶解性好、防冻性好，无毒，安全，气味能被消费者接受，因此，汽车挡风玻璃清洗剂加入的有机溶剂为乙醇。选择汽车挡风玻璃清洗剂要参考环境最低温度，汽车挡风玻璃清洗剂可加水稀释，也可直接使用，常用汽车挡风玻璃清洗剂如图 4-34 所示。汽车挡风玻璃清洗剂浓度越高，不仅防冻能力强，而且去污能力也强，因此尽量选择四季型汽车挡风玻璃清洗剂。

产品名称	奥迪原厂玻璃清洗剂
适用车型	奥迪全系
冰点	-40℃
净含量	1.5L
保质期	3年
符合标准	TL52 164

混合比例表（质量比）

防冻温度至	玻璃清洗剂	水
-40℃	1	0
-16℃	1	1
-7℃	1	2

图 4-34　常用的汽车挡风玻璃清洗剂

（2）检查洗涤器喷水情况。图 4-35 所示为刮水器开关挡位示意图。如图 4-36 所示，打开挡风玻璃清洗剂储液壶盖，检查清洗剂并将清洗剂储液壶加满。

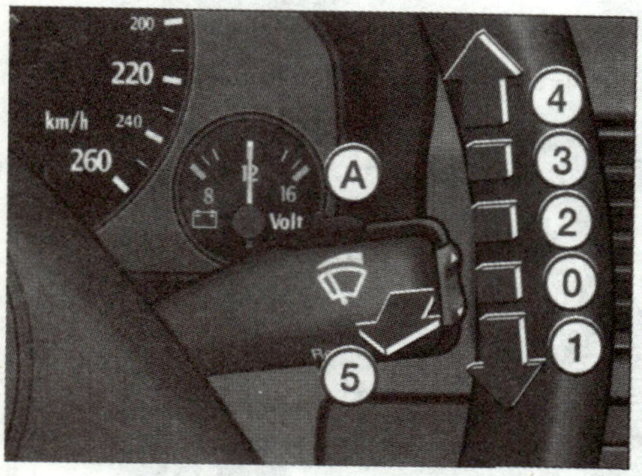

0—关闭刮水器
1—点动刮水
2—间歇刮水（A:调节间隔时间）
3—低速刮水
4—高速刮水
5—洗涤器喷水刮水器刮水联动

图 4-35　刮水器开关挡位示意图

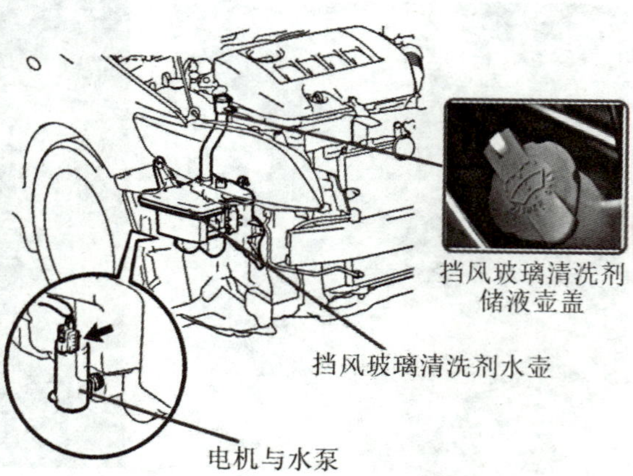

图 4-36　打开挡风玻璃清洗剂储液壶总成

向上抬起刮水器开关，观察洗涤器喷射位置，同时检查刮水器与洗涤器的联动工作状况。正确的喷射位置如图 4-37 所示。

如果喷射位置不准确，需要调整，调整方法如图 4-38 所示（图中箭头所示）：用螺丝刀转动调节器调整喷水束，沿顺时针方向旋转喷射高度变低；沿逆时针方向旋转喷射高度变高。

检查喷水管路是否存在接头松动、脱落、老化等现象。

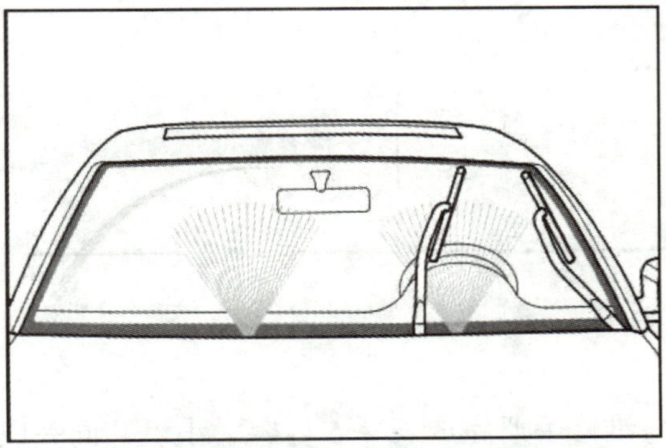

图 4-37　挡风玻璃清洗剂正确的喷射位置

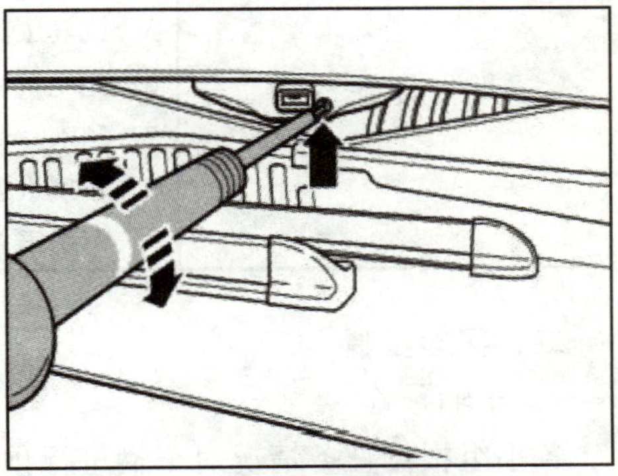

图 4-38　挡风玻璃清洗剂喷射位置调整示意图

（3）检查刮水器的工作情况。

检查刮水器各个挡位的工作情况是否正常，检查刮水片的极限位置是否正常，标准的刮水片极限位置如图 4-39 所示，刮水片雨刮条与风窗下边缘的距离 A 为 20 mm。

（4）检查刮水片。

检查刮水片的雨刮条是否完好，如图 4-40 所示。

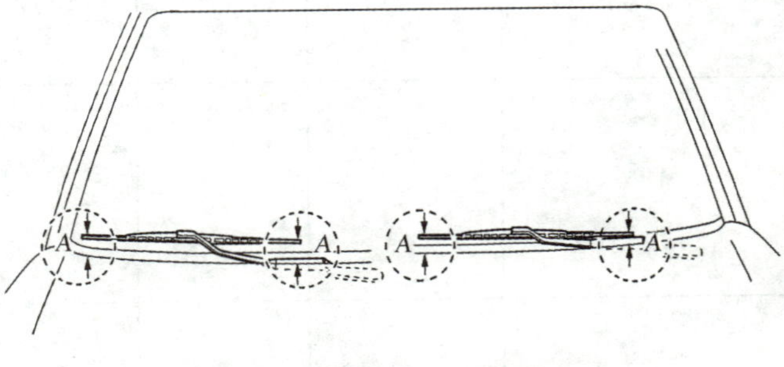

图 4-39　标准的刮水片极限位置

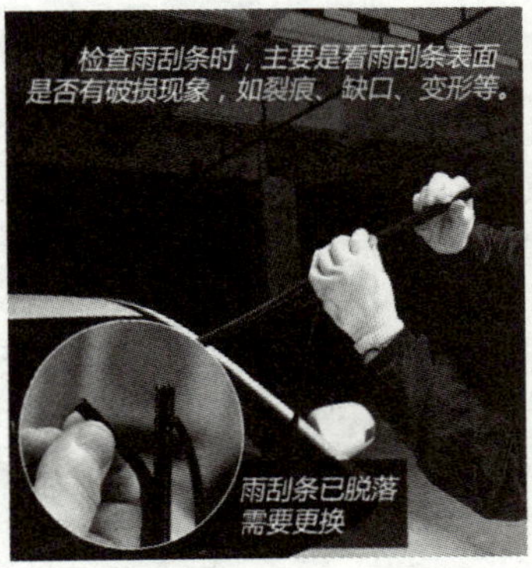

图 4-40　检查刮水片的雨刮条

【任务实施】

一、准备工作

电源及附属电器装置维护与保养需要准备的工作内容如表 4-4 所示（以小组为单位）。

表 4-4　电源及附属电器装置维护与保养准备工作清单

场 地 准 备	工量具（备件）准备	资 料 准 备
对应小组数量：实训工位、对应数量的课桌椅、写字板 、发动机、举升机等	1．实操车辆； 2．吹尘枪、清洗壶、丝绵或抹布、气带、钢刷等； 3．三件套、翼子板防护罩； 4．化油器清洗剂若干瓶； 5．成套工具； 6．充电机 1 台； 7．刮水片； 8．玻璃水若干瓶； 9．万用表 1 只	车辆维修保养手册

二、实施步骤

1．车辆预检

各小组根据任务情况对车辆进行预检，参考维修手册完成表 4-5 内容。小组共同完成所有工作任务，每个工作任务要有明确的分工，要有具体负责人。

工作中要使用三件套及翼子板防护罩，使用举升机时要确认在支撑点位置将车辆升起。

表 4-5　电源及附属电器装置维护与保养工作任务要点及分工

作业顺序	任务	工具、工作要点、注意事项	预检结果		负责人
			维护与保养	更换	
1	蓄电池的维护与保养				
2	发电机性能检查				
3	启动机性能检查				
4	刮水器与洗涤器性能检查				

2. 完成工单

小组在完成所有任务之后，填写工单，如表 4-6 所示。

表 4-6　电源及附属电器装置维护与保养工单

姓名		班级		学号		小组		工位	
车辆型号		VIN		发动机型号		行驶里程		发动机排量	

工作任务：电源及附属电器装置维护与保养

1. 蓄电池的维护与保养

实操步骤：

2. 发电机性能检查

实操步骤：

3. 启动机性能检查

实操步骤：

4. 刮水器、洗涤器功能检查

实操步骤：

存在的问题：

教师评语：

年　　月　　日

任务3　安全与舒适系统的维护与保养

【任务导入】

在车辆到保养周期时，应对安全与舒适系统等功能进行检查。

【相关知识】

一、检查防盗报警系统

以丰田卡罗拉轿车为例，防盗报警功能检查内容如下。

（1）关闭所有车门、车窗、天窗、行李厢和发动机盖，用遥控钥匙锁止所有车门，10 s内系统自动进入防盗报警模式，此时防盗报警指示灯从持续亮模式变为闪烁模式，如图4-41所示。

（2）用遥控钥匙解锁车门，防盗报警状态应解除，防盗报警指示灯变为持续亮模式。

（3）在防盗报警模式下，车内人员打开车门应触发报警，如图4-42所示。

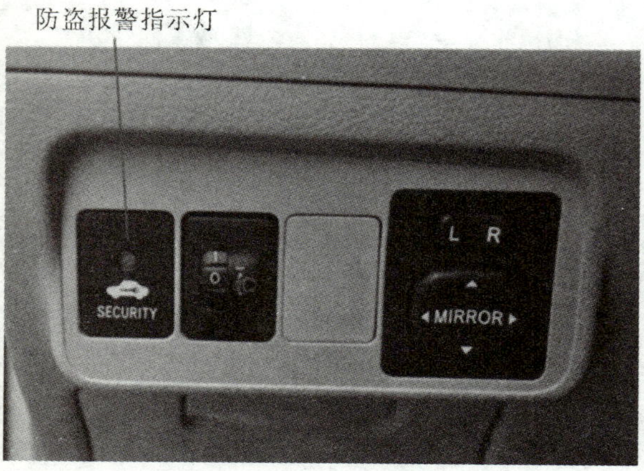

图4-41　防盗报警指示灯

图4-42　在防盗报警模式下打开车门应触发报警

（4）将车钥匙插入点火开关后，防盗报警指示灯停止闪烁；将车钥匙从点火开关拔出后，防盗报警指示灯应闪烁。

二、检查安全气囊系统

以丰田卡罗拉轿车为例，打开点火开关到ON挡，仪表盘上安全气囊指示灯熄亮6 s后熄灭，自检结束，说明安全气囊系统正常，如图4-43所示。如果安全气囊指示灯不熄灭，说明安全气带囊系统有故障，需要进一步诊断。

三、检查电动门窗系统

以丰田卡罗拉轿车为例，防盗报警功能检查内容如下。

1. 驾驶员主控开关打开和关闭所有车窗

将点火开关打到ON挡，使用驾驶员主控开关打开和关闭所有车窗，全部车窗打开和关闭正常。其中，驾驶员侧车窗有两种模式打开与关闭，如图4-44所示。

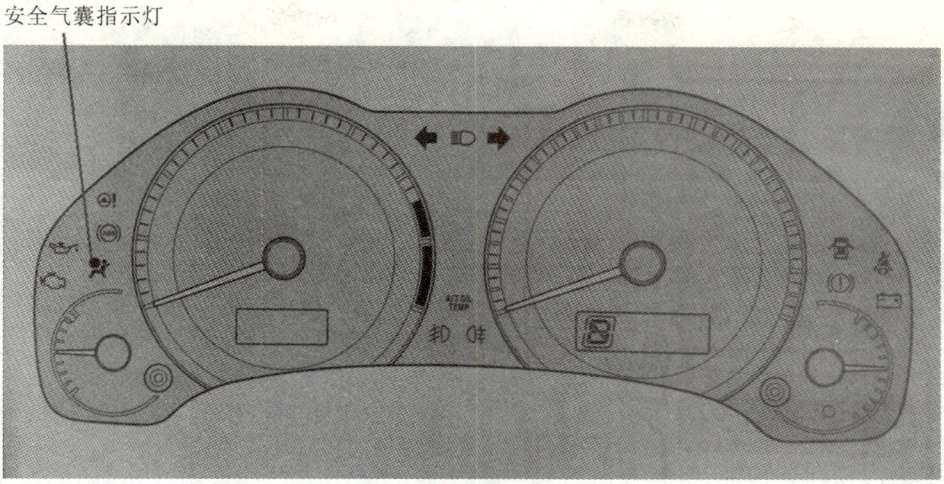

图 4-43　安全气囊指示灯

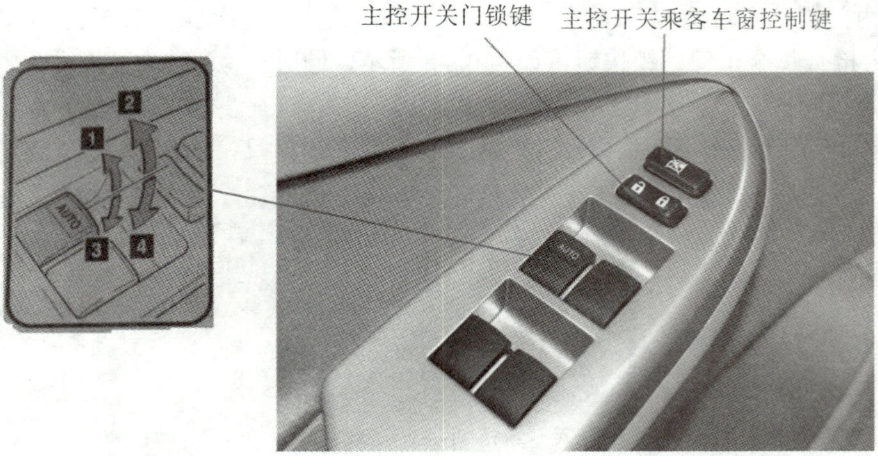

图 4-44　卡罗拉驾驶员侧车窗检查

模式 1：向上轻拉 AUTO 键：玻璃点动，手停玻璃即停止上行，玻璃可停在任意位置。

模式 2：向上拉 AUTO 键到底（松开手）：玻璃自动运行到完全关闭位置。

模式 3：向下轻按 AUTO 键：玻璃点动，手停玻璃即停止下行，玻璃可停在任意位置。

模式 4：向下按 AUTO 键到底（松开手）：玻璃自动运行到完全打开位置。

2. 乘客侧车窗开关检查

点火开关打到 ON 挡，分别用乘客侧车窗开关检查每个车窗，观察是否正常。然后，按下驾驶员侧主控开关上的乘客车窗控制键，如图 4-44 所示，此时乘客侧车窗应被锁止。

四、检查中央门锁系统

以丰田卡罗拉轿车为例，中央门锁系统检查内容如下。

1. 无线遥控功能

如图 4-45 所示，在车外利用车钥匙进行遥控锁止和解锁所有车门。

2. 机械钥匙功能

如图 4-46 所示，在车外用车钥匙插入门锁进行锁止和解锁所有车门。

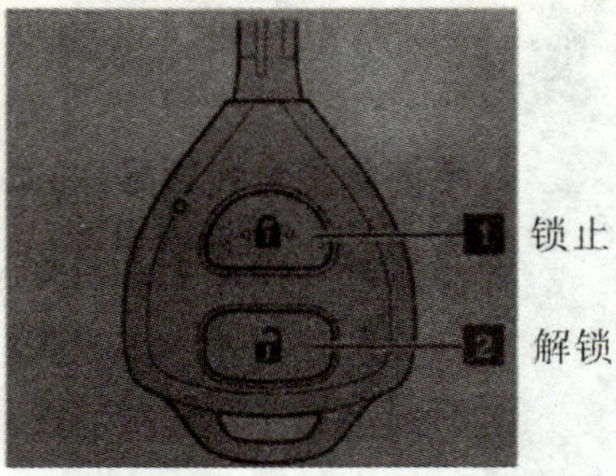

图 4-45　在车外利用车钥匙进行遥控锁止和解锁所有车门

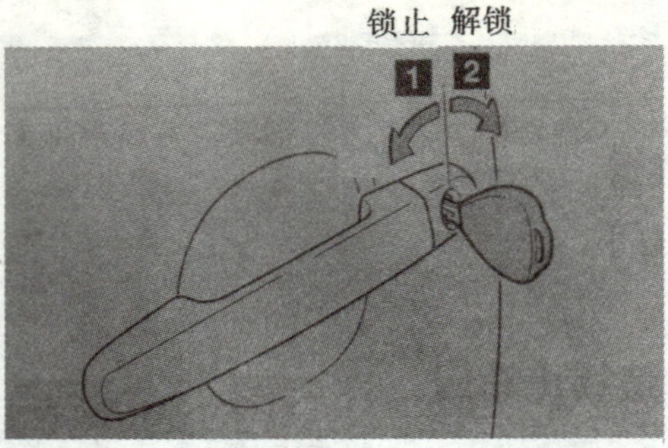

图 4-46　在车外用车钥匙插入门锁进行锁止和解锁所有车门

3. 中央门锁开关功能

如图 4-47 所示，按下锁止开关，所有车门锁止；按下解锁开关，所有车门解锁。

4. 车内门锁按钮功能

在车内检查每个车门门锁按钮，如图 4-48 所示，同时，检查内外门拉手。

5. 儿童锁功能

如图 4-49 所示，按下儿童锁开关，从车内不能打开车门。

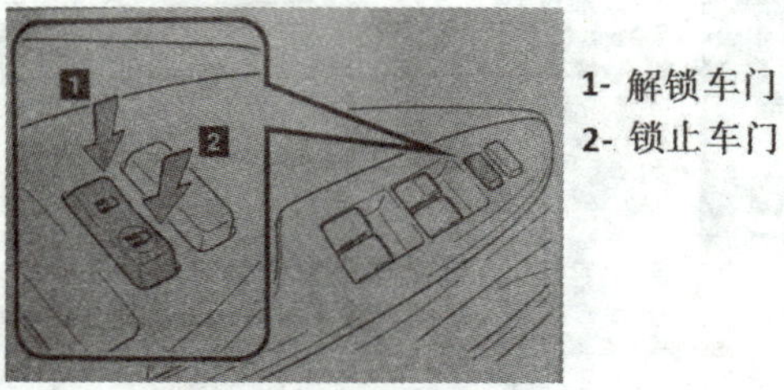

图 4-47　中央门锁开关

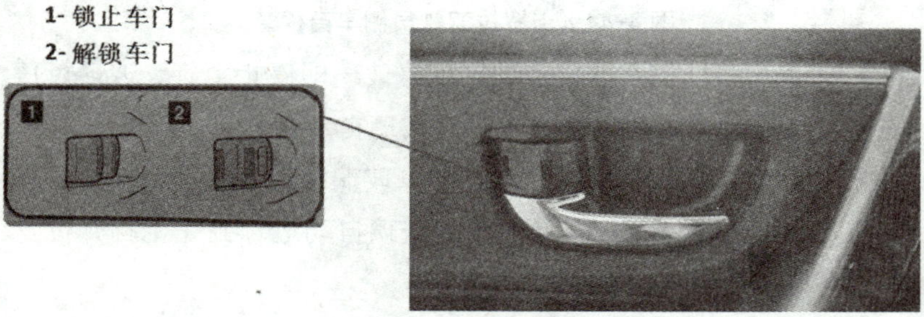

图 4-48　车内门锁按钮检查

图 4-49　检查儿童锁开关

五、检查电动后视镜系统

1. 德国大众车系速腾轿车检修

图 4-50 所示为一汽大众速腾轿车后视镜开关总成。将旋钮旋转到 L 挡位（左后视镜可调节），旋钮可上、下、左、右四个方向扳动，即可实现左侧后视镜镜片向上、向下、向左、向右四个方向的调整；同理，可检查右侧后视镜调整功能，检查后视镜加热除霜功能及折叠功能。

2. 日本丰田车系卡罗拉轿车的检修

图 4-51 所示为丰田卡罗拉后视镜开关总成。将后视镜选择键 L 端按下，左后视镜可调节，然后将上下左右调节键分别向上、向下、向左及向右按下，即可实现左侧后视镜镜片向上、向下、向左、向右四个方向的调整；同理，可检查右侧后视镜调整功能，检查后视镜折叠功能。

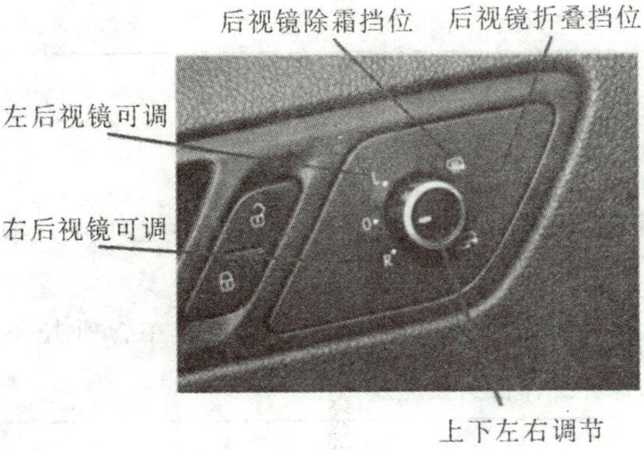

图 4-50　一汽大众速腾轿车后视镜开关总成

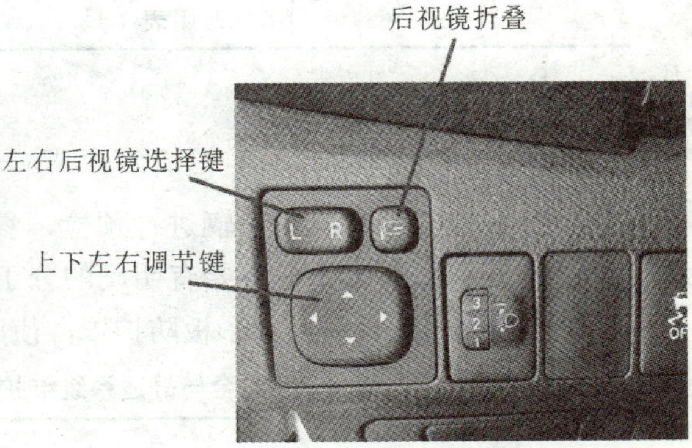

图 4-51　丰田卡罗拉后视镜开关总成

六、检查后挡风玻璃除霜系统

图 4-52 所示为丰田卡罗拉轿车后挡风玻璃后视镜开关示意图，按下此开关，左右后视镜及后挡风玻璃将加热除霜（小心烫伤），除霜器运行 15 min 后自动关闭。

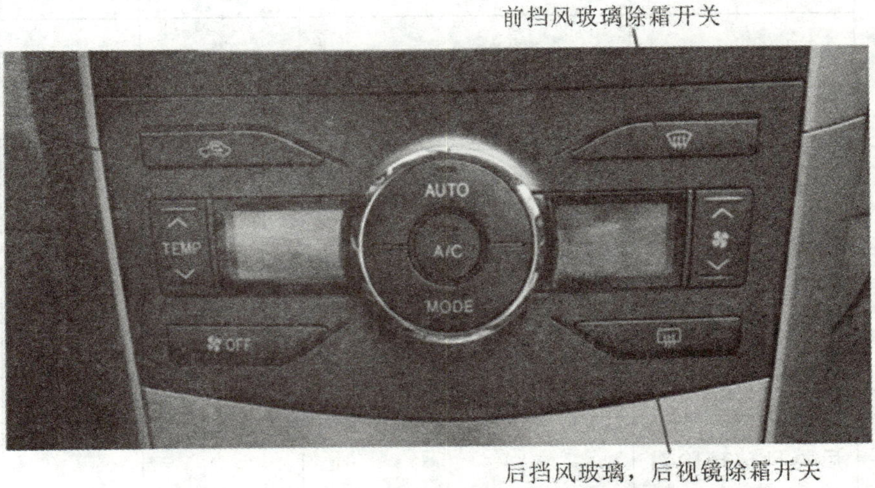

图 4-52　丰田卡罗拉轿车后挡风玻璃后视镜开关示意图

【任务实施】

一、准备工作

安全与舒适系统维护与保养需要准备的工作内容如表 4-7 所示（以小组为单位）。

表 4-7　安全与舒适系统维护与保养准备工作清单

场 地 准 备	工量具（备件）准备	资 料 准 备
对应小组数量：实训工位、对应数量的课桌椅、写字板 、发动机、举升机等	1．实操车辆； 2．吹尘枪、清洗壶、丝绵或抹布、气带、钢刷等； 3．三件套、翼子板防护罩； 4．化油器清洗剂若干瓶； 5．成套工具； 6．万用表 1 只	车辆维修保养手册

二、实施步骤

1．车辆预检

各小组根据任务情况对车辆进行预检，参考维修手册完成表 4-8 内容。小组共同完成所有工作任务，每个工作任务要有明确的分工，要有具体负责人。

工作中要使用三件套及翼子板防护罩，使用举升机时要确认在支撑点位置将车辆升起。

表 4-8　安全与舒适系统维护与保养工作任务要点及分工

作业顺序	任务	工具、工作要点、注意事项	预检结果		负责人
			维护与保养	更换	
1	防盗报警系统功能检查				
2	电动门窗系统功能检查				
3	中央门锁系统功能检查				
4	电动后视镜系统功能检查				
5	后挡风玻璃除霜系统功能检查				

2. 完成工单

小组在完成所有任务之后，填写工单，如表 4-9 所示。

表 4-9　安全与舒适系统维护与保养工单

姓名		班级		学号		小组		工位	
车辆型号		VIN		发动机型号		行驶里程		发动机排量	

工作任务：安全与舒适系统维护与保养

1. 防盗报警系统功能检查

实操步骤：

2. 电动门窗系统检查

实操步骤：

3. 中央门锁系统检查

实操步骤：

4. 电动后视镜系统检查

实操步骤：

5. 后挡风玻璃系统检查

实操步骤：

存在的问题：

教师评语：

年　　月　　日

任务 4　空调系统的维护与保养

【任务导入】

在车辆到保养周期时，按照保养手册的要求应对空调系统进行检查维护与保养。

【相关知识】

一、更换空调空气滤清器

以丰田卡罗拉轿车为例，更换空调空气滤清器步骤如下。

（1）打开手套箱，如图 4-53 所示为丰田卡罗拉轿车手套箱。

（2）滑下阻尼器，如图 4-54 所示。

（3）向里推动手套箱的两边，脱开卡爪，如图 4-55 所示。

（4）拆卸空气滤清器盖，如图 4-56 所示。

（5）拆下旧的空气滤清器，换上新的空气滤清器，并注意向上标记，如图 4-57 所示。

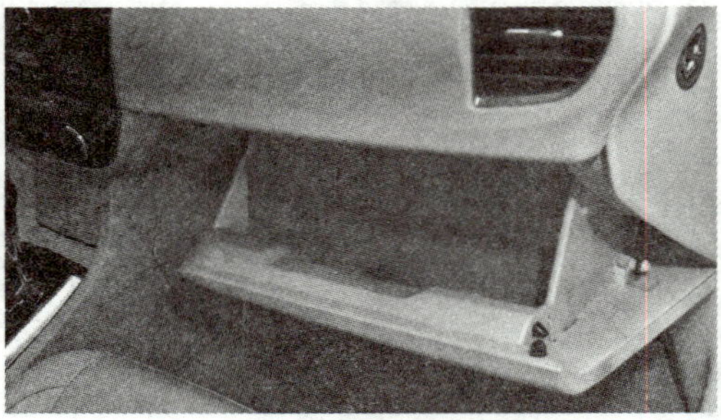

图 4-53　丰田卡罗拉轿车手套箱

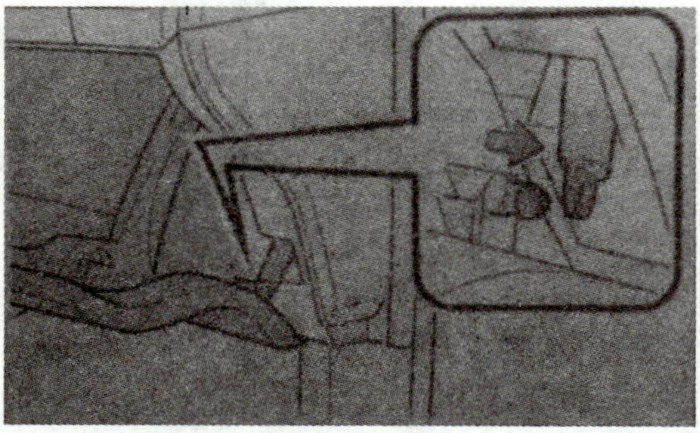

图 4-54　滑下阻尼器

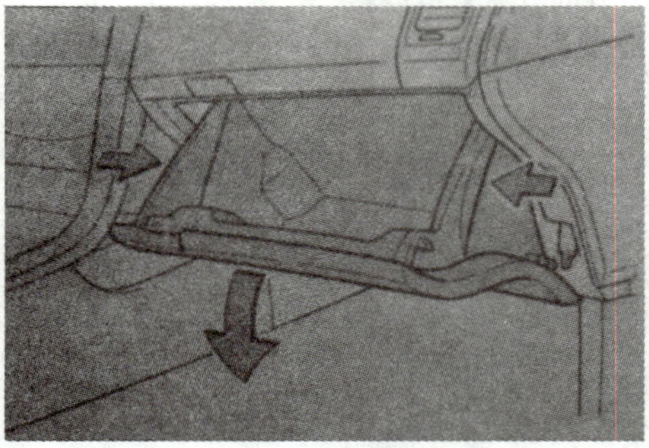

图 4-55　脱开卡爪

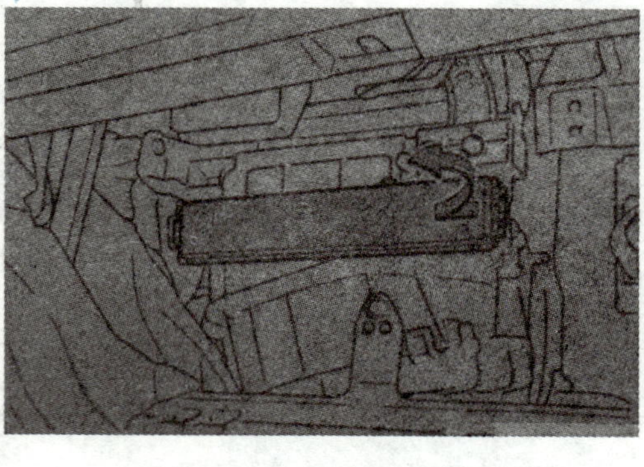

图 4-56　拆卸空气滤清器盖

图 4-57　换上新的空气滤清器

二、检查空调系统的工作情况

以丰田卡罗拉轿车为例，空调控制面板如图 4-58 所示。

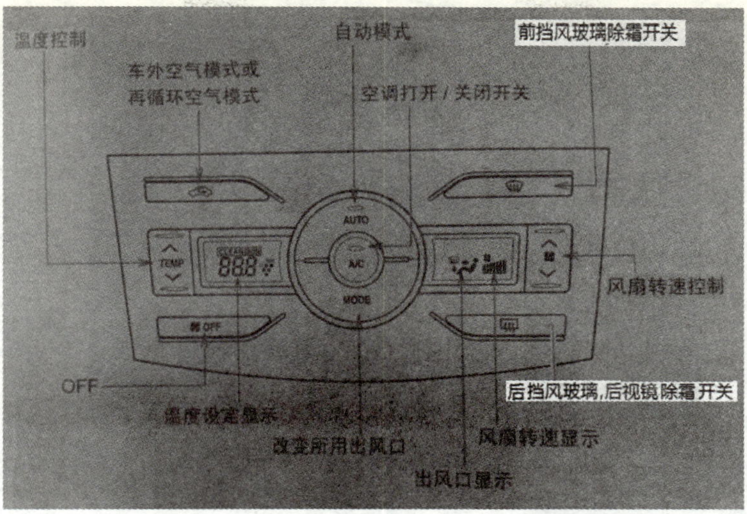

图 4-58　丰田卡罗拉轿车空调控制面板

（1）按下键，空调系统应自动运行。

（2）按下键，可设定车内温度，按“∧”温度升高，按“∨”温度降低。

（3）按下键，可设定鼓风机的转速，按“∧”转速升高，按“∨”转速降低。

（4）按下键，关闭空调及鼓风机。

（5）按下键，可改变出风口吹风模式。每按键一次，气流在以下四种模式中顺序切换。

① 气流吹向上身。

② 气流吹向上身和脚部。

③ 气流吹向脚部。

④ 气流吹向脚部且前挡风玻璃除霜器运行。

6. 按下键，空气循环模式在外循环和内循环模式之间切换。

三、检查出口温度

打开空调，将空调风量开至最大、温度调至最低，出风模式选择对人体直吹，循环调至内循环状态，用红外温度计或其他温度计检测空调出风口温度，如图 4-59 所示，一般出风口温度应在 4～7 ℃，应以维修手册为准。

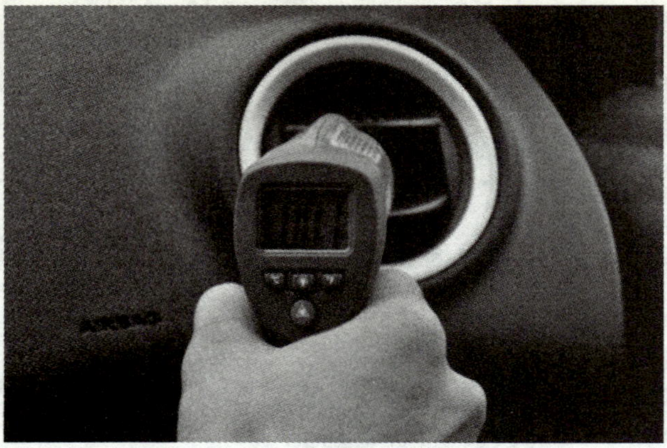

图 4-59　检测空调出风口温度

【任务实施】

一、准备工作

汽车空调统维护与保养需要准备的工作内容如表 4-10 所示（以小组为单位）。

表 4-10　汽车空调系统维护与保养准备工作清单

场 地 准 备	工量具（备件）准备	资 料 准 备
对应小组数量：实训工位、对应数量的课桌椅、写字板 、发动机、举升机等	1．实操车辆； 2．吹尘枪、清洗壶、丝绵或抹布、气带、钢刷等； 3．三件套、翼子板防护罩； 4．化油器清洗剂若干瓶； 5．成套工具； 6．温度计一个	车辆维修保养手册

二、实施步骤

1．车辆预检

各小组根据任务情况对车辆进行预检，参考维修手册完成表 4-11 内容。小组共同完成所有工作任务，每个工作任务要有明确的分工，要有具体负责人。

工作中要使用三件套及翼子板防护罩，使用举升机时要确认在支撑点位置将车辆升起。

表 4-11　汽车空调系统维护与保养工作任务要点及分工

作业顺序	任务	工具、工作要点、注意事项	预检结果		负责人
			维护与保养	更换	
1	空调滤芯更换				

续表

作业顺序	任务	工具、工作要点、注意事项	预检结果		负责人
			维护与保养	更换	
2	空调控制面板功能检查				
3	出口温度检测				

2. 完成工单

小组在完成所有任务之后，填写工单，如表 4-12 所示。

表 4-12　汽车空调系统维护与保养工单

姓名		班级		学号		小组		工位	
车辆型号		VIN		发动机型号		行驶里程		发动机排量	

工作任务：汽车空调系统维护与保养

1.更换空调滤芯

实操步骤：

2.空调控制面板功能检查

实操步骤：

3.空调出风口温度测试

实操步骤：

存在的问题：

教师评语：

年　　月　　日

项目 5　汽车车身的维护与保养

【项目导读】

❖ 知识目标

（1）掌握汽车车身外表维护与保养方法。

（2）掌握汽车车身附件维护与保养方法。

❖ 能力目标

（1）能正确对汽车车身外表进行维护与保养。

（2）能正确对汽车车身附件装置进行维护与保养。

任务 1　汽车车身外表的维护与保养

【任务导入】

汽车车身外表的维护与保养主要是指漆面的维护与保养，汽车在使用过程中会有轻微的刮碰导致漆面受损；汽车在高速行驶时，空气中灰尘颗粒也会对漆面产生磨损；酸雨对车身漆面也有损害。因此，对汽车车身外表也要定期维护与保养。

【相关知识】

车身维护与保养的主要内容有定期清洗车身外表及车身打蜡。车蜡保护车漆的原理是在漆面形成一层薄薄的蜡膜，空气不能与漆面直接接触，从而减缓漆面氧化的速度，减少空气中较大颗粒物以及阳光中紫外线等对漆面的伤害。

汽车车蜡有养护型车蜡与功能型车蜡，平时洗车打蜡使用的是养护型车蜡，养护型车蜡主要是对车的漆面进行保护，尤其是新车，经常打蜡，可以使汽车漆面始终光亮如新；功能型车蜡除能对汽车漆面进行保护外，由于蜡中含有研磨剂，因此，功能蜡对漆面微小划痕能够进行修复。常用的车蜡介绍如下。

图 5-1　车用水蜡

图 5-1 所示 Soft99 蜡是液体状蜡，是养护型车蜡，其形成的蜡膜硬度相对要软一些，蜡膜耐久性不如硬蜡，但这种蜡的去污能力要比硬蜡强。

图 5-2 所示 3M39526 水晶硬蜡是固体状蜡，是养护型车蜡，其形成的蜡膜硬度高且不易分解，正常洗车 10～20 次后打一次蜡即可。

图 5-3 所示保赐利砂蜡也是固体状蜡，是功能型车蜡，可对漆面微小划痕能够进行修复。

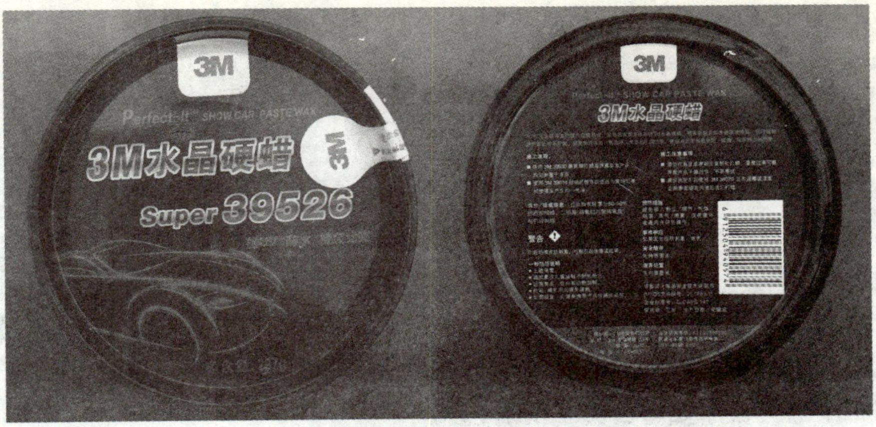

图 5-2　车用硬蜡

图 5-3　车用砂蜡

一、清洗车身外表

汽车在使用过程中要定期洗车，清洗时最好使用汽车专用清洁剂，否则在洗掉灰尘的同时会加速油漆表面老化，使车辆失去光泽。这里要特别注意的是在空气污染比较严重的城市，车被雨淋后要及时洗车，这是因为雨水中含有酸性物质，时间过久就会损害面漆。

车辆清洗时，应遵循从上到下，从前到后，从外到内的清洗顺序进行清洗，清洗步骤如下。

1．准备

首先打开车门将车辆内部脚垫取出，注意不要让泥土落入车内，完毕后，取出钥匙，并关紧车门并检查车门玻璃是否完全升起。

2．冲洗

打开位于清洗机上的防水开关，通过旋转高压水枪喷水口来调节喷水压力和形状，调整方法如图 5-4 所示。

冲洗时，保持与车辆 0.5～1 m 的距离，注意水枪与车辆漆面之间呈 30°～60° 夹角，避免正面冲洗损伤漆面。

3．打泡沫和擦洗

冲洗完毕后，开始打泡沫，泡沫要均匀并遵循由远及近的顺序（以泡沫机位置为标准），然后用海绵或羊毛手套由上到下擦洗一遍。无泡沫机时也可用海绵蘸清洁剂将车身按冲洗顺序擦洗一遍。

4．再冲洗

重新冲洗车辆直到无泡沫。

5．擦水与吹水

两人配合先用大号无毛纯棉毛巾将机舱盖、车顶及后备箱盖上的水拖一遍，然后再迅速将车身侧面的水拖一遍。然后用中号毛巾迅速擦干车表面，并用吹尘枪将车辆流水槽、后视镜、门把手等易存水处的水吹出并擦干净。

6．刷轮胎

用刷子将四个轮胎刷一遍轮胎保护剂。

7．冲脚垫

用高压水枪和刷子将脚垫冲洗或刷洗干净并晾至一旁。

8．清洗内饰

可用泡沫清洗剂刷洗内饰并用吸尘器将内饰尘土吸出（视情况而定）。

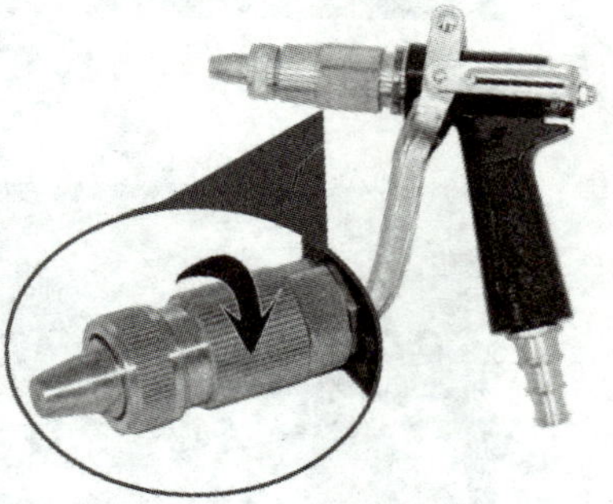

图 5-4　高压水枪枪头及压力调节方法

二、车身打蜡

车蜡可以防酸雨，车蜡还会使车身的水滴附着量降低、防高温和紫外线；车蜡形成的薄膜可以将部分光线反射，有效避免车漆老化；车蜡可以防止汽车在行驶时与空气摩擦产生静电，防止灰尘。

1．洗车

用专用的洗车液将车辆彻底清洗干净。给车打蜡前一定记得将车清洗干净，脏车是不能进行打蜡的，因为在打蜡时反复来回擦拭，这些细小的灰尘会损伤漆面。

2．检查车身

要用擦车布把车彻底擦干，漆面有水是不好打蜡的。然后要认真检查车身，在日常行车中，难免有一些小磕碰，或是和其他车辆发生刮擦，或是被路上溅起的飞石砸中，给漆面留下一道道伤痕，而如果是一些细小的没有伤及底漆的划痕是可能通过打蜡来进行修复的，如图 5-5 所示；而伤到底漆的划痕是不能通过打蜡进行修复的，如图 5-6 所示。

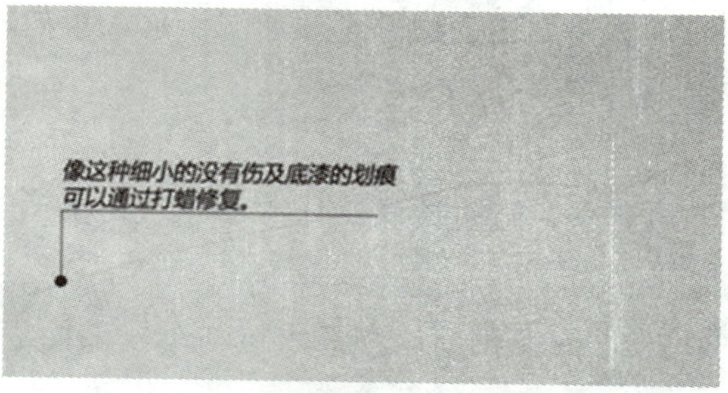

图 5-5　细小的没有伤及底漆的划痕

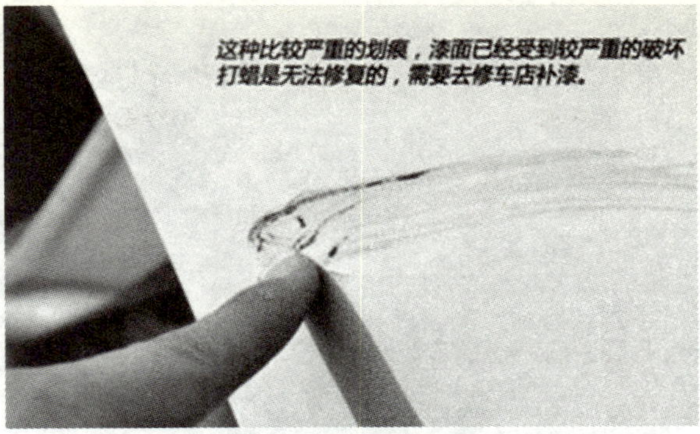

图 5-6　伤到底漆的划痕

3．打蜡

打蜡最好是分区域进行，因为打完蜡 4～5 min 后，就要用毛巾抛光。例如从前机盖开始，等前机盖做完了，再做车门、后备箱等。

先准备打蜡专用的毛巾、手套及海绵，如图 5-7 所示。以养护型的固体蜡为例，先从前机盖打蜡开始，用专用的圆形海绵蘸上车蜡，如图 5-8 所示，均匀地涂抹在车漆表面，不需要涂太厚，薄薄的一层即可。在涂抹的过程中，可以用海绵均匀地在车身上画圈，如图 5-9 所示，使车蜡在漆面上呈现出鱼鳞状效果，如图 5-10 所示。

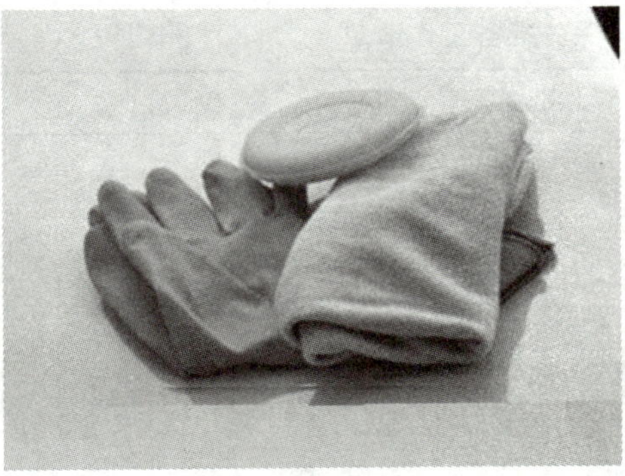

图 5-7　打蜡专用的毛巾、手套及海绵

图 5-8　用专用的圆形海绵蘸上车蜡

图 5-9　用海绵均匀地在车身上画圈

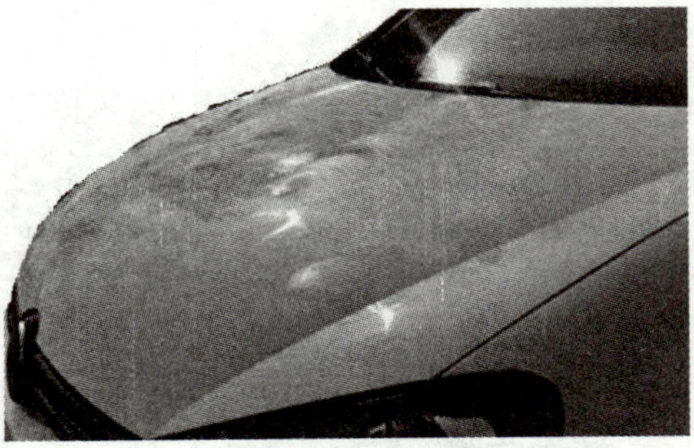

图 5-10　车蜡在漆面上呈现出鱼鳞状效果

4．干燥

涂抹完毕，等 5～10 min，使车蜡充分干燥。同时，将车蜡盖子盖好。

5．抛光

车蜡充分干燥后，用超细纤维毛巾在漆面上像擦皮鞋一样为漆面抛光，也就是把多余车蜡擦掉，如图 5-11 所示。

至此，前机盖打蜡结束，然后再对车门等其他区域进行打蜡。

图 5-11　用超细纤维毛巾在漆面上为漆面抛光

【任务实施】

一、准备工作

汽车车身外表维护与保养需要准备的工作内容如表 5-1 所示（以小组为单位）。

表 5-1　汽车车身外表维护与保养准备工作清单

场地准备	工量具（备件）准备	资料准备
对应小组数量：实训工位、对应数量的课桌椅、写字板 、车辆、举升机等	1．实训车辆； 2．三件套、翼子板防护罩； 3．成套工具； 4．化油器清洗剂若干瓶； 5．车蜡若干瓶； 6．专用打蜡毛巾若干； 7．清洗机一台； 8．吸尘器； 9．风枪； 10．大、中号擦车毛巾若干； 11．泡沫清洗剂若干； 12．刷子	车辆维修保养手册

二、实施步骤

1．车辆预检

各小组根据任务情况对车辆进行预检，参考维修手册完成表 5-2 内容。小组共同完成所有工作任务，每个工作任务要有明确的分工，要有具体负责人。

工作中要使用三件套及翼子板防护罩，使用举升机时要确认在支撑点位置将车辆升起。

表 5-2　汽车车身外表维护与保养工作任务要点及分工

作业顺序	任务	工具、工作要点、注意事项	预检结果		负责人
			维护与保养	更换	
1	洗车				
2	打蜡				

2．完成工单

小组在完成所有任务之后，填写工单，如表 5-3 所示。

表 5-3　汽车车身外表维护与保养工单

姓名		班级		学号		小组		工位	
车辆型号		VIN		发动机型号		行驶里程		发动机排量	

工作任务：汽车车身外表维护与保养

1．洗车

实操步骤：

2．打蜡

实操步骤：

存在的问题：

教师评语：

年　　月　　日

任务 2　汽车车身附件的维护与保养

【任务导入】

汽车车身附件在使用过程中也会出现松动、噪声等问题，因此，对汽车车身附件也要定期维护与保养。

【相关知识】

汽车车身附件的维护与保养内容主要包括座椅、安全带、车门锁机构、前机盖锁、行李厢锁、车门铰链及车门限位器等部位的检查、维护与保养。

一、正确的驾驶姿势

正确的驾驶姿势可以减轻驾驶员的疲劳程度，如图 5-12 所示，正确的驾驶姿势包括 6 个方面调整内容：

（1）身体坐直并能与座椅靠背靠实。

（2）脚能自由地将踏板踩到底。

（3）手能轻松地操作每个控制开关。

（4）方向盘与胸部距离正确且安全气囊应正对着胸部。

（5）锁定头枕且应使头枕中心与耳朵上部齐平。

（6）调整安全带使安全带斜跨肩部但不应触及颈部。

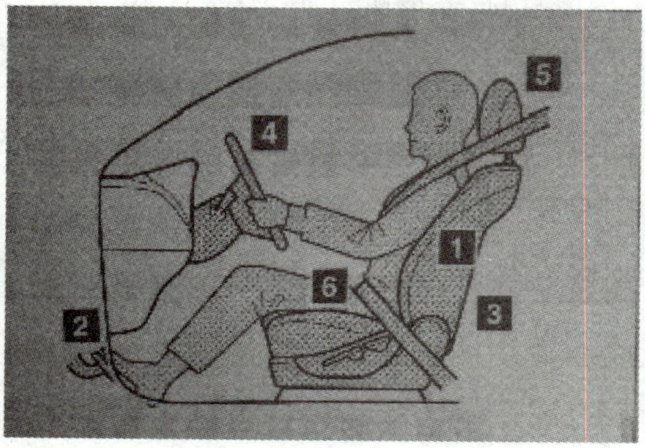

图 5-12　正确的驾驶姿势及 6 个方面调整内容

二、座椅的调整

要想保持正确的驾驶姿势，首先要调整好驾驶员座椅。以丰田卡罗拉轿车为例，手动座椅的调整如图 5-13 所示，电动座椅如图 5-14 所示。

1．座椅前后位置调节检查

拉起座椅前后位置调节杆，确认座椅是否能够前后移动，调整完毕后，松开座椅前后位置调节杆，确认座椅前后方向是否锁止。

2．座椅靠背角度调节检查

拉起座椅靠背角度调节杆，确认座椅靠背是否能够实现倾斜调整，调整完毕后，松开座椅靠背角度调节杆，确认座椅靠背倾斜角度是否锁止。

3．座椅垂直高度调节检查

反复拉起放松座椅垂直高度调节杆，确认座椅是否能够实现高度调整，调整完毕后，确认座椅高度方向是否锁止。

4．座椅头枕调节检查

座椅头枕调节方法如图 5-15 所示，按住锁定释放按钮，上下拉动头枕至标准位置，如图 5-16 所示。松开锁定释放按钮，确认头枕是否被锁止。

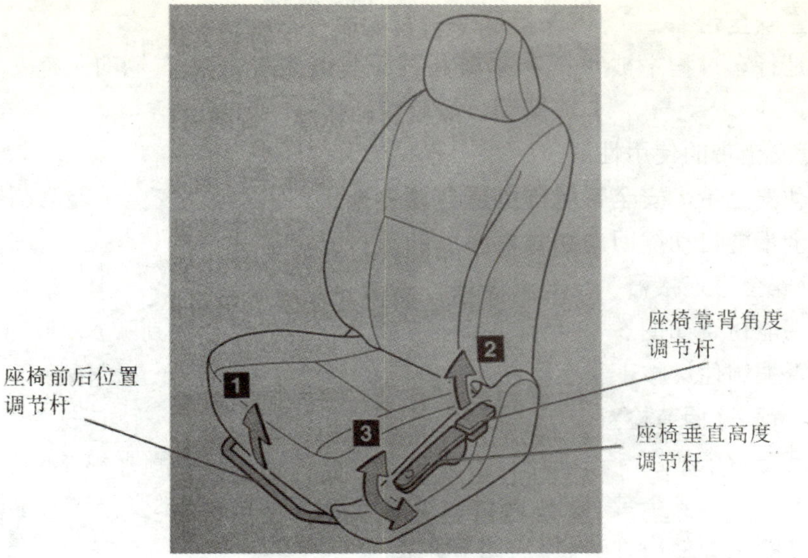

图 5-13　卡罗拉手动座椅的调整

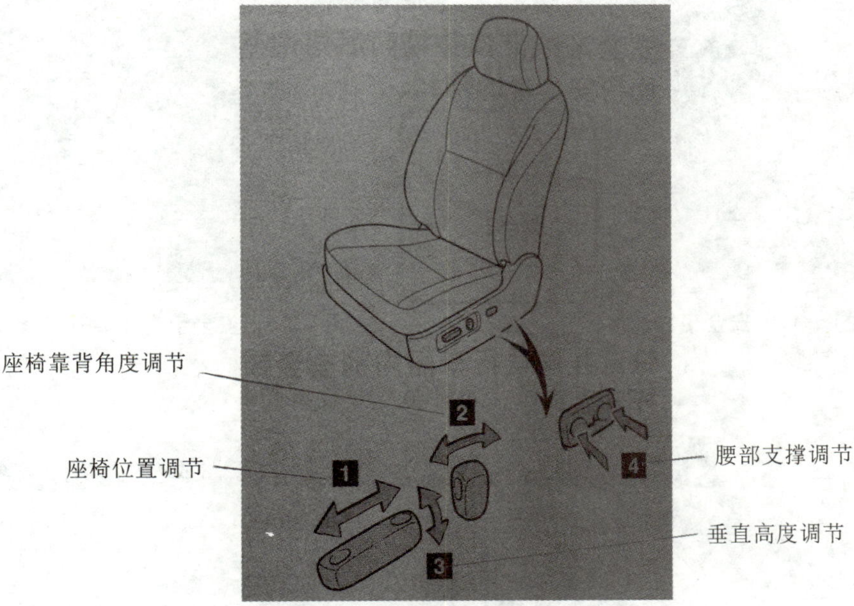

图 5-14　卡罗拉电动座椅的调整

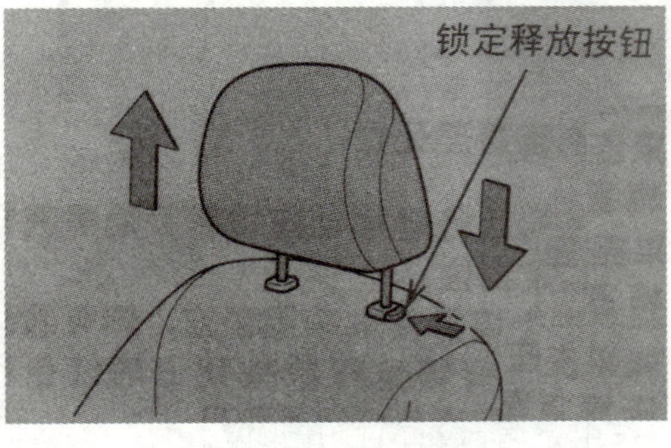

图 5-15　座椅头枕调节方法

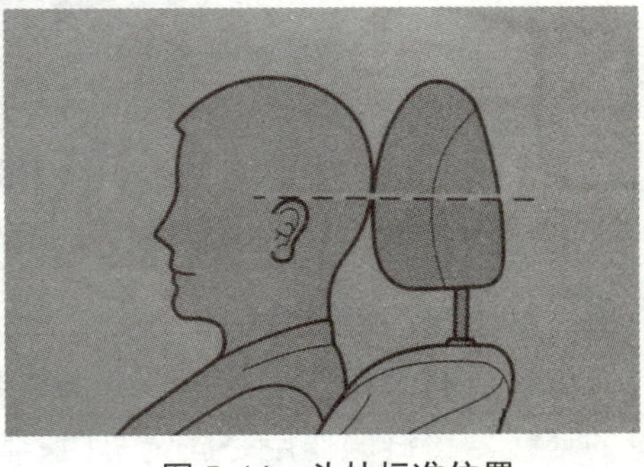

图 5-16　头枕标准位置

三、检查安全带

安全带是行车过程中被动安全的重要保障，保养时，应对车辆的所有安全带的收紧功能进行检查。

1．检查安全带的使用性能

缓慢拉动安全带，安全带能自由拉出；快速拉出安全带，安全带能立刻锁止；断开安全带后，安全带能自动缩回。

2．检查安全带连接器

安全带性能检查如图 5-17 所示。将安全带凸舌插入带扣直到听到“咔嗒”声，检查安全带凸舌能否被锁住；按下释放按钮，安全带能否迅速脱离带扣自动缩回。

3．安全带高度调节检查

安全带高度调节如图 5-18 所示。上下移动高度调节器，直到听到“咔嗒”声。安全带正确的使用方法是：安全带斜跨过肩部，但不能触及颈部；腰部安全带尽可能低地横跨于髋部，安全带的正确使用方法如图 5-19 所示。

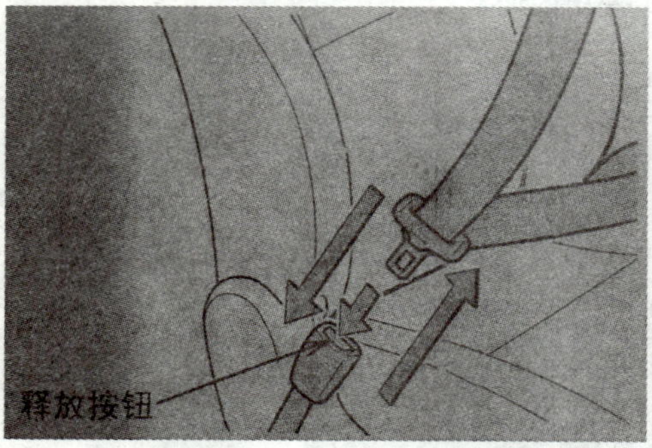

图 5-17　安全带性能检查

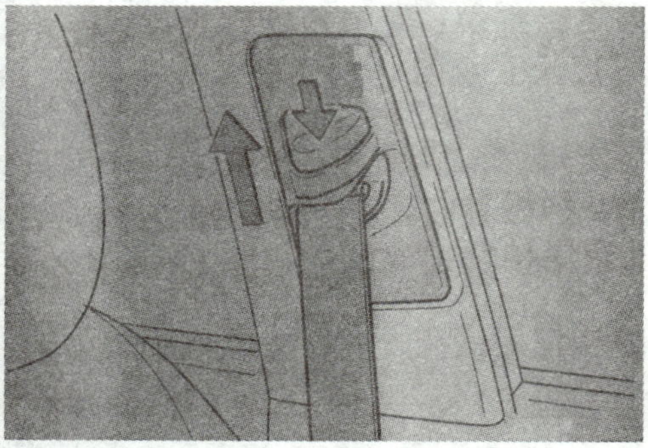

图 5-18　安全带高度调节

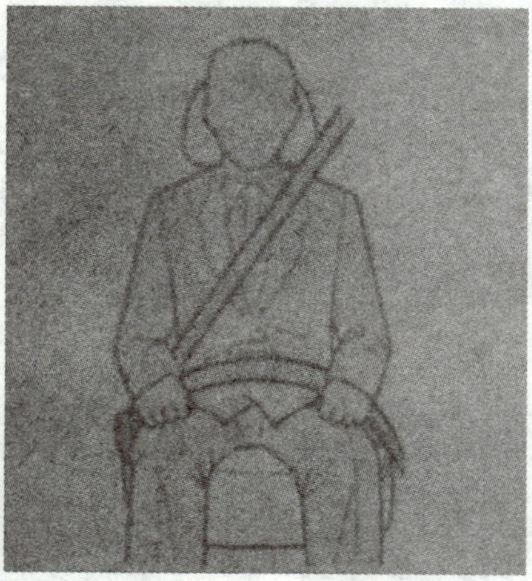

图 5-19　安全带的正确使用方法

四、检查车门铰链及限位器

车门铰链与限位器是汽车车身很重要的零部件，这两个零件的主要任务是完成车门和车身的连接。铰链的作用是固定车门，限位器的作用是限制车门打开角度。

检查时拉动车门外把手，反复开关几次车门，检查车门铰链与限位器是否有噪声及松动，如图 5-20 所示。如果螺丝松动则需要紧固螺丝，如果有噪声则需要加注润滑脂（黄油）。加注黄油时用手动黄油枪即可，手动黄油枪如图 5-21 所示。

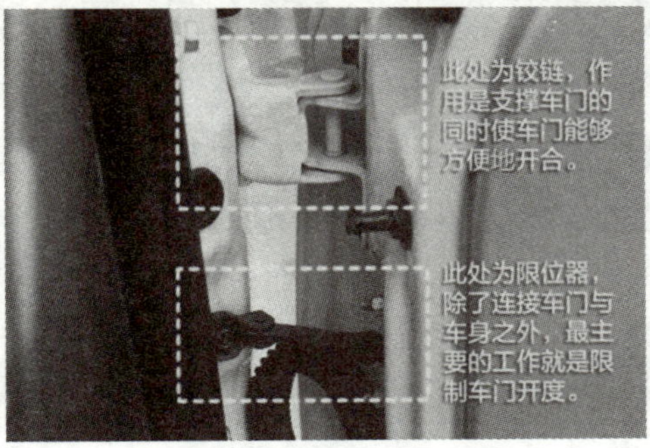

图 5-20　车门铰链与限位器

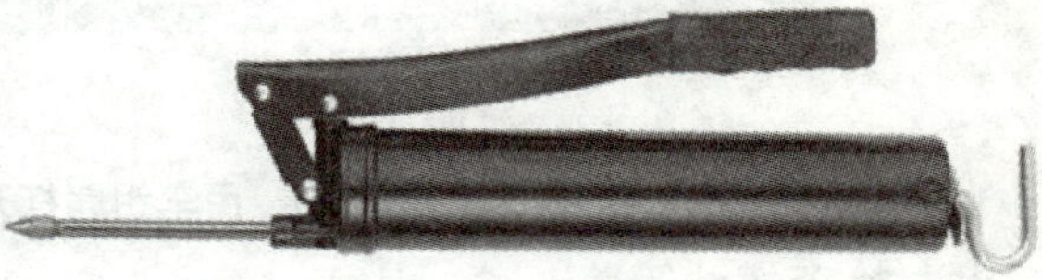

图 5-21　手动黄油枪

五、检查发动机盖锁

以卡罗拉轿车为例，检查发动机盖锁确认发动机盖能正常打开及完全关闭并锁止，如图 5-22 所示，拉动发动机盖开关；向左拨开机盖锁卡钩并提起发动机盖，如图 5-23 所示；将支撑杆插入槽内，确认支撑杆能牢固支撑发动机盖，如图 5-24 所示。如发现打开机盖或锁机盖异常，应进行调整，如有噪声，应加注黄油。

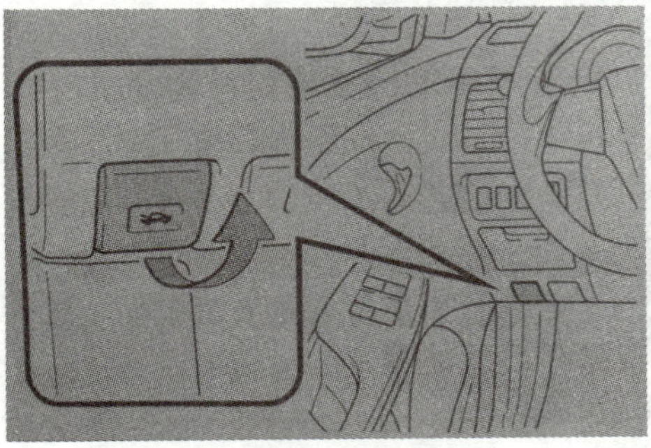

图 5-22　拉动发动机盖开关

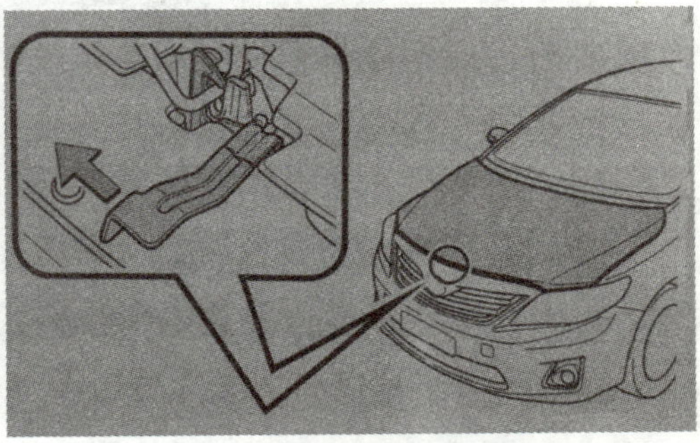

图 5-23　拨开机盖锁卡钩

六、检查行李厢盖锁

以卡罗拉轿车为例，检查行李厢锁确认行李厢能正常打开及完全关闭并锁止，如图 5-25 所示拉动行李厢盖开关，行李厢应能打开。用车钥匙应能打开或锁止行李厢，如图 5-26 所示。如发现打开行李厢或锁行李厢异常，应进行调整，如有噪声，应加注黄油。

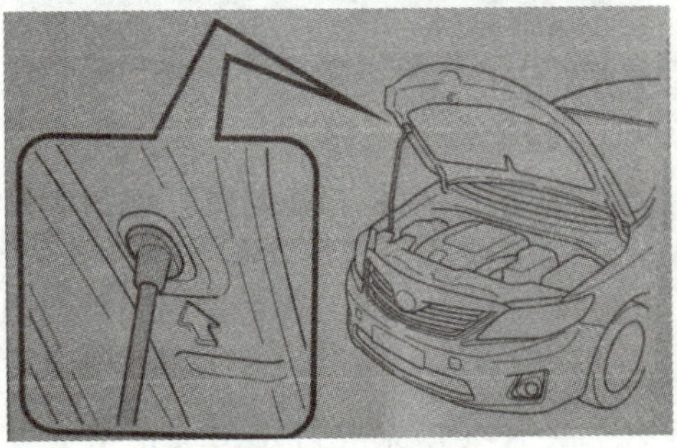

图 5-24　确认支撑杆能牢固支撑发动机盖

图 5-25　拉动行李厢盖开关

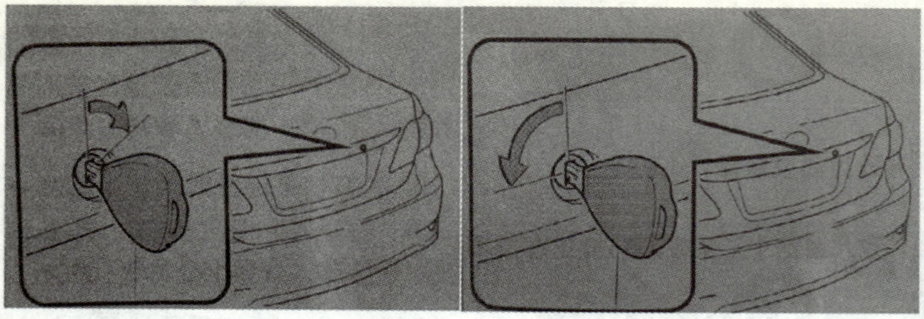

（a）解锁　　　　（b）锁止

图 5-26　用车钥匙打开或锁止行李厢

七、检查燃油箱盖

以卡罗拉轿车为例，检查燃油箱能正常打开及完全关闭并锁止。如图 5-27 所示拉动燃油箱加注口盖开关，打开加注口开关，缓慢拧开燃油箱盖，重新装回燃油箱盖时，将其转动直至听到“咔嗒”声，确认燃油箱盖能完全关闭并锁止，如图 5-28 所示。

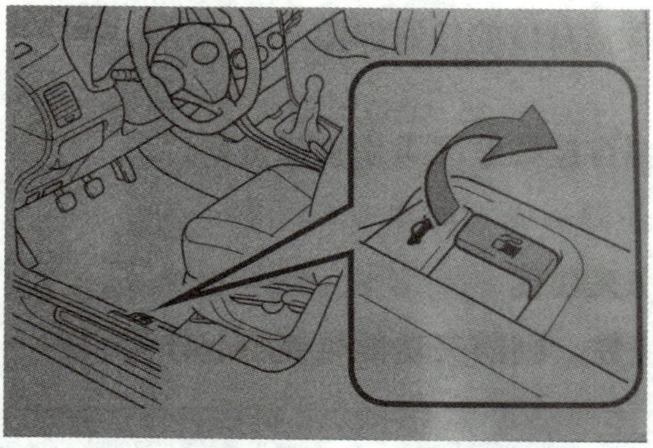

图 5-27　拉动燃油箱加注口盖开关

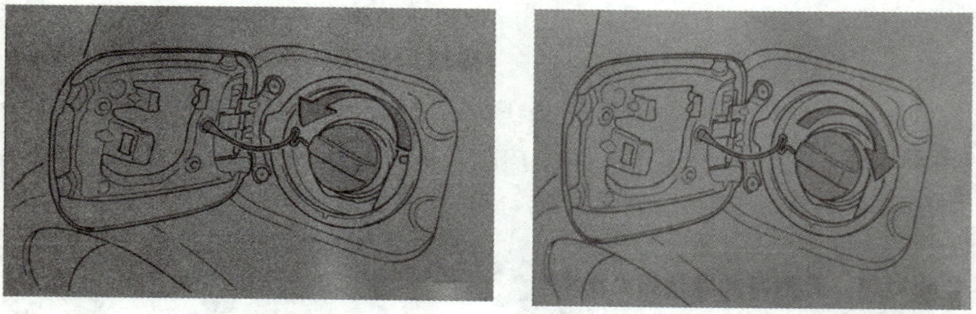

（a）拧开燃油箱盖　　　　（b）拧紧燃油箱盖

图 5-28　确认燃油箱盖能完全关闭并锁止

【任务实施】

一、准备工作

汽车车身附件维护与保养需要准备的工作内容如表 5-4 所示（以小组为单位）。

表 5-4　汽车车身附件维护与保养准备工作清单

场地准备	工量具（备件）准备	资料准备
对应小组数量：实训工位、对应数量的课桌椅、写字板 、车辆、举升机等	1．实训车辆； 2．三件套、翼子板防护罩； 3．成套工具； 4．化油器清洗剂若干瓶； 5．泡沫清洗剂若干； 6．刷子； 7．润滑脂； 8．黄油枪	车辆维修保养手册

二、实施步骤

1．车辆预检

各小组根据任务情况对车辆进行预检，参考维修手册完成表 5-5 内容。小组共同完成所有工作任务，每个工作任务要有明确的分工，要有具体负责人。

工作中要使用三件套及翼子板防护罩，使用举升机时要确认在支撑点位置将车辆升起。

表 5-5　汽车车身附件维护与保养工作任务要点及分工

作业顺序	任务	工具、工作要点、注意事项	预检结果		负责人
			维护与保养	更换	
1	座椅调整				
2	安全带调整				
3	检查车门铰链与限位器				
4	检查发动机盖锁				
5	检查行李厢盖锁				
6	检查燃油箱盖				

2．完成工单

小组在完成所有任务之后，填写工单，如表 5-6 所示。

表 5-6　汽车车身附件维护与保养工单

姓名		班级		学号		小组		工位	
车辆型号		VIN		发动机型号		行驶里程		发动机排量	

工作任务：汽车车身附件维护与保养

1．座椅调整检查

实操步骤：

2．安全带调整检查

实操步骤：

3．车门铰链与限位器调整检查

实操步骤：

4．发动机盖锁调整检查

实操步骤：

5．行李厢盖锁调整检查

实操步骤：

6．燃油箱盖调整检查

实操步骤：

存在的问题：

教师评语：

年　　月　　日

项目6　丰田卡罗拉轿车40000 km维护与保养

【项目导读】

❖ 知识目标

（1）掌握丰田卡罗拉轿车40000 km的维护内容及维护方法。

（2）掌握整车维护的流程。

❖ 能力目标

（1）能正确地对丰田卡罗拉轿车（40000 km）进行维护。

（2）能正确地对整车进行综合维护与保养。

【任务导入】

丰田卡罗拉轿车（40000 km）在保养过程中，需要检查的部位多达上百个，针对车前、车后、车内、车外众多的检查内容，车辆在维修工位需要不断地上升与下降，因此，为提高工作效率，减小维修人员的劳动强度，防止漏检项目及重复拆装现象的发生，丰田汽车公司制定了标准的汽车维护保养流程，即九工位作业法。

【相关知识】

丰田卡罗拉轿车40000 km保养的具体内容如图1-17所示。在进行保养时，要严格按照保养手册中的要求，需要更换的零件一定要更换，需要检查的内容一定要检查到位。对于发动机楔形带与正时皮带等重要部件的检查，若发现问题，应及时更换；对于清洗节气门、清洗喷油器等项目没有具体要求，一般视情况而定，如果有故障现象则应该根据故障现象进行诊断并根据诊断结果确定处理方案。

九工位作业法就是在保养车辆时，举升机举起车辆上上下下共停在九个位置，每个顶起位置规定了严格的做业内容。具体的保养流程如图6-1所示。

【任务实施】

一、任务准备

丰田卡罗拉轿车40000 km保养需要准备的工作内容如表6-1所示（以小组为单位）。

编号	1	2	3	4	5	6	7
顶起位置			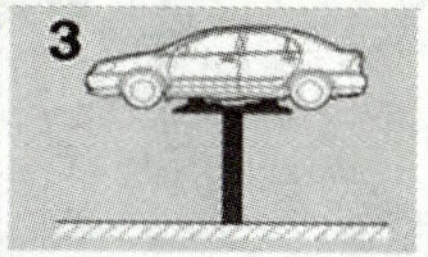	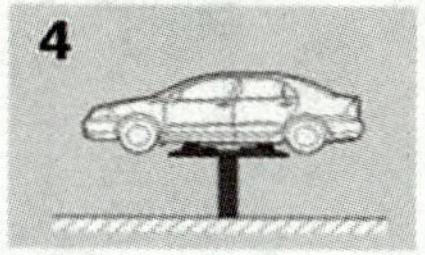		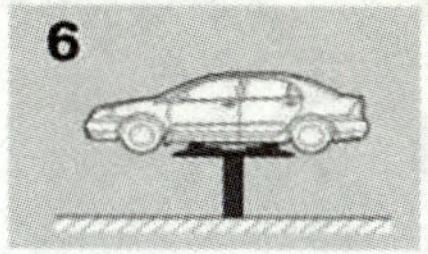	
检查	车灯（驾驶员座椅）	球节	发动机机油（排放）	车轮轴承	制动器拖带	制动液的更换	发动机机油（加注）
	挡风玻璃喷洗器		A/T液	拆卸车轮	补充制动液	车轮的安装	发动机冷却液
	挡风玻璃刮水器		驱动轴护套	轮胎			散热器盖
	喇叭		转向连接机构	盘式制动器			传动皮带
	驻车制动器		动力转向液	鼓式制动器			火花塞
	制动器踏板		制动管路				蓄电池
	方向盘		燃油管路				制动液
	门控灯开关		排气管和安装件				制动管路
	车身的螺母和螺栓		螺母和螺栓（车辆下）				离合器液
	燃油箱盖		悬架				空气滤清器
	悬架		发动机机油滤清器				碳罐
	车灯		发动机机油排放塞				前减振器上支撑
	备用轮胎		发动机冷却液排放塞				喷洗液
			润滑脂更换（参考）				轮毂螺母重新上紧
							PCV系统
							发动机冷却液
							A/T液
							空调
							动力转向液
							发动机机油
							气门间隙
							燃油滤清器

编号	8	9	10
顶起位置	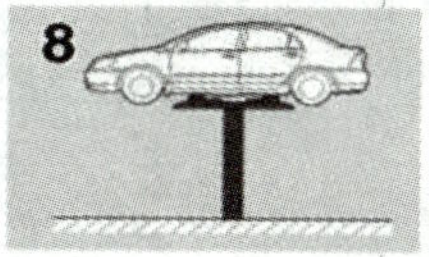		
检查	复查检查	清洁每个部件	路上试验
		车辆保养	

图 6-1 丰田汽车九工位作业法保养流程

表 6-1　丰田卡罗拉轿车 40000 km 保养准备工作清单

场 地 准 备	工量具（备件）准备	资 料 准 备
对应小组数量：实训工位、对应数量的课桌椅、写字板 、车辆、举升机等	1．实训车辆； 2．三件套、翼子板防护罩； 3．成套工具； 4．化油器清洗剂若干瓶； 5．机油 4L（5W-40）； 6．机油滤清器 1 个； 7．空气滤清器 1 个； 8．制动液 2L； 9．空调进气滤清器 1 个； 10．保养所需要的各种专用工具	车辆维修保养手册

二、实施步骤

1．车辆预检

各小组根据任务情况对车辆进行预检，参考维修手册完成表 6-2 内容。小组共同完成所有工作任务，每个工作任务要有明确的分工，要有具体负责人。

工作中要使用三件套及翼子板防护罩，使用举升机时要确认在支撑点位置将车辆升起。

表 6-2　丰田卡罗拉轿车 40000 km 保养工作任务要点及分工

任　　务	工具、工作要点、注意事项	预检结果		负责人
		维护与保养	更换	
丰田卡罗拉 40000 km 保养				

2．完成工单

小组在完成所有任务之后，填写工单，如表 6-3 所示。

表 6-3　丰田卡罗拉 40000 km 保养工单（工单记录见附录）

姓名		班级		学号		小组		工位	
车辆型号		VIN		发动机型号		行驶里程		发动机排量	

工作任务：丰田卡罗拉 40000 km 保养

存在的问题：

教师评语：

年　　月　　日

附录

丰田汽车定期保养工单

[顶起位置 1]

预检工作

驾驶员座椅

☐ 安装座椅套

☐ 安装地板垫

☐ 安装方向盘套

☐ 安装换挡杆套

☐ 拉起发动机盖释放杆

车辆前部

☐ 打开发动机盖

☐	安装翼子板布
☐	安装前格栅布
☐	安装车轮挡块（可以用举升机顶起部分车辆重量）

发动机室

☐	检查发动机冷却液液位
☐	检查发动机机油
☐	检查制动液液位
☐	检查喷洗器液面

驾驶员座椅

LH	RH	车灯
☐	☐	检查示宽灯点亮
☐	☐	检查牌照灯点亮
☐	☐	检查尾灯点亮
☐	☐	检查大灯 (Lo) 点亮
☐	☐	检查大灯 (Hi) 和指示灯点亮
☐	☐	检查大灯闪光器开关和指示灯点亮
☐	☐	检查转向信号灯和指示灯点亮
☐	☐	检查危险警告灯和指示灯点亮
☐	☐	检查停车灯点亮（尾灯一起点亮）
☐	☐	检查倒车灯点亮
☐	☐	检查变光器开关自动回位功能

☐	检查仪表板灯点亮
☐	检查顶灯点亮

检查组合仪表警告灯：点亮和熄灭

LH	RH	挡风玻璃喷洗器
		检查喷射状态
		检查喷射位置
		（检查当玻璃喷洗器喷射时刮水器的工作情况）
		（喷射器位置调整）

LH	RH	挡风玻璃刮水器
		检查工作情况（Lo）
		检查工作情况（Hi）
		（检查工作情况（间歇功能））
		（检查工作情况（雾功能））
		检查停止位置
		检查刮拭状况

LH	RH	喇叭
		检查工作情况

驻车制动器

检查驻车制动杆行程（6-9）

（驻车制动杆行程调整）

检查驻车制动器指示灯点亮

制动器

检查制动器踏板应用状况（响应性）

检查制动器踏板应用状况（完全踩下）

检查制动器踏板应用状况（异常噪声）

检查制动器踏板应用状况（过度松动）

测量制动踏板高度

- [ ] （制动踏板高度调整）
- [ ] 测量制动器踏板自由行程
- [ ] 测量制动器踏板行程余量
- [ ] 检查制动助力器工作情况（下沉）
- [ ] 检查制动助力器气密性（空气阀:高度变高）
- [ ] 检查制动助力器真空功能（控制阀:高度不变）

方向盘

- [ ] 测量自由行程
- [ ] 检查松弛和摆动
- [ ] 检查 ACC 位置，方向盘可否自由移动

外部检查准备

- [ ] 打开行李厢门和燃油盖
- [ ] 将顶灯开关旋至“DOOR”
- [ ] 将换挡杆置于空挡
- [ ] 释放驻车制动杆

驾驶员车门

门控灯开关

- [ ] 检查工作情况（顶灯和指示器灯工作情况）

车身螺母和螺栓

- [ ] 检查座椅安全带的螺栓和螺母是否松动
- [ ] 检查座椅的螺栓和螺母是否松动
- [ ] 检查车门的螺栓和螺母是否松动（铰链）

驾驶员侧后车门

门控灯开关

- [ ] 检查工作情况（顶灯和指示灯工作情况）

螺母和螺栓

- [ ] 检查座椅安全带的螺栓和螺母是否松动（包括中间座椅）
- [ ] 检查座椅的螺栓和螺母是否松动（包括中间座椅）
- [ ] 检查车门的螺栓和螺母是否松动

油箱盖

油箱盖

- [ ] 检查是否变形和损坏
- [ ] 检查连接状况
- [ ] 检查扭矩限制器工作情况

后部

LH	RH	悬架
		检查减振器的减振力
		检查车辆倾斜度

LH	RH	车灯
		检查安装状况
		检查是否损坏和有污垢

备用轮胎

- [ ] 检查是否有裂纹和损坏
- [ ] 检查是否嵌入金属颗粒或其他异物
- [ ] 测量胎面沟槽深度（测量规）
- [ ] 检查是否有异常磨损
- [ ] 检查气压
- [ ] 检查是否漏气

☐ 检查钢圈是否损坏或腐蚀

螺母和螺栓

☐ 检查行李厢门的螺栓和螺母是否松动

乘客侧后车门

门控灯开关

☐ 检查工作情况（顶灯和指示灯工作情况）

螺母和螺栓

☐ 检查座椅安全带的螺栓和螺母是否松动

☐ 检查座椅的螺栓和螺母是否松动

☐ 检查车门的螺栓和螺母是否松动

乘客车门

门控灯开关

☐ 检查工作情况（顶灯和指示灯工作情况）

螺母和螺栓

☐ 检查座椅安全带的螺栓和螺母是否松动（包括中间座椅）

☐ 检查座椅的螺栓和螺母是否松动（包括中间座椅）

☐ 检查车门的螺栓和螺母是否松动

空调

☐ 更换空调空气格（改为检查）

前部

悬架

LH	RH	
☐	☐	检查减振器的阻尼力
☐	☐	检查车辆倾斜度

LH	RH	
		检查安装状
		检查是否损坏和有污垢

发动机舱

	检查发动机盖的螺栓和螺母是否松动
	拆卸机油加注口盖

[顶起位置 2]

球节

球节

LH	RH	
		检查垂直游隙
		检查防尘罩是否损坏

[顶起位置 3]

底盘

发动机机油（排放）

	检查是否漏油（发动机各部位的配合表面）
	检查是否漏油（油封）
	检查是否漏油（排放塞）
	排放发动机机油

自动传动桥液

检查是否漏油（壳配合面）

检查是否漏油（轴和拉索伸出的区域）

检查是否漏油（油封）

检查是否漏油（排放塞和加注口塞）

检查是否漏油（管件和软管连接）

检查机油冷却器软管是否损坏

(自动传动桥油更换)

LH　RH

驱动轴护套

检查是否有裂纹和其他损坏（外侧）

检查是否有裂纹和其他损坏（内侧）

检查润滑脂是否渗漏（外侧）

检查润滑脂是否渗漏（内侧）

LH　RH

转向连接机构

检查是否松动和摇摆

检查有无弯曲和损坏

检查防尘套是否开裂和撕破

制动管路

检查是否泄漏

检查制动管路上的压痕或其他损坏

检查制动管路软管扭曲、裂纹和凸起

检查制动器管道和软管的安装状况

燃油管路

检查燃油是否泄漏

检查燃油管路是否损坏

排气管和安装件

	检查排气管是否损坏
	检查消声器是否损坏
	检查排气管装吊挂件是否损坏或脱落
	检查密封垫片吊挂是否损坏
	检查排气管是否泄漏

螺母和螺栓（车辆底部）

有关螺母和螺栓位置的详细说明，详见附图 6-1 至附图 6-3 所示。

	1	中间梁×车身
	2	下臂×横梁
	3	球节×下臂
	4	横梁×车身
	5	下臂×横梁
	6	中间梁×横梁
	7	制动卡钳×转向节
	8	球节× 转向节
	9	减振器×转向节
	10	稳定杆连接杆×减振器
	11	稳定杆×稳定杆连接杆
	12	转向机壳×横梁
	13	稳定杆×横梁
	14	横拉杆端头锁止螺母
	15	横拉杆端头×转向节
	16	拖臂和后桥×车身
	17	拖臂和后桥×后桥轮毂

	18	制动分泵×背板
	19	控制杆×拖臂和后桥
	20	减振器×拖臂和后桥
	21	减振器×车身
	22	排气管
	23	燃油箱

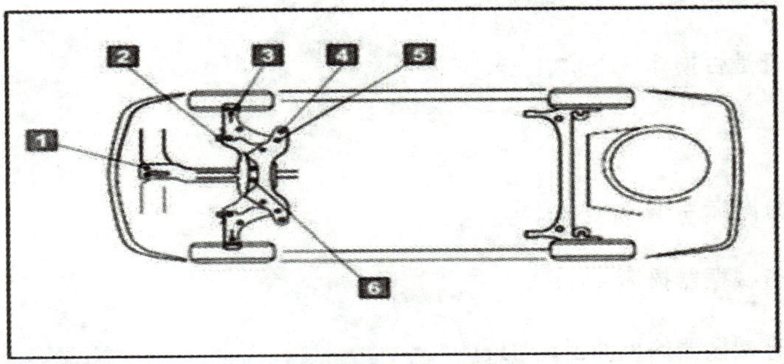

附图 6-1 车辆底部有关螺母和螺栓位置（一）

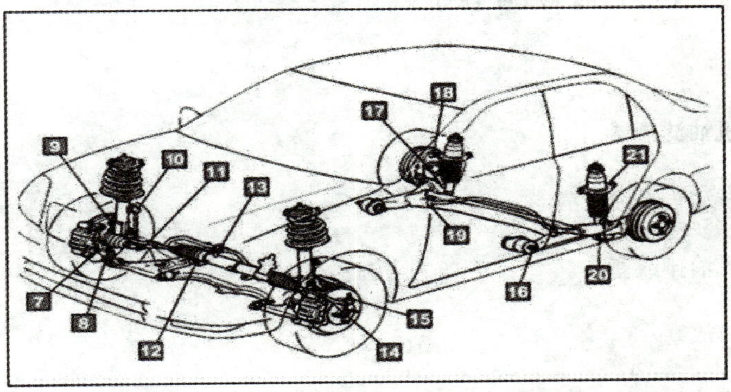

附图 6-2 车辆底部有关螺母和螺栓位置（二）

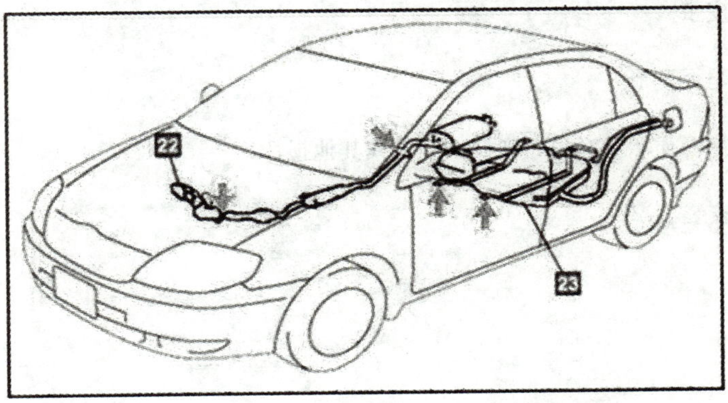

附图 6-3 车辆底部有关螺母和螺栓位置（三）

底架

LH	RH	悬架
☐	☐	检查是否损坏(转向节) (Fr)
☐	☐	检查是否损坏（减振器）(Fr)
☐	☐	检查是否损坏（减振器）(Rr)
☐	☐	检查是否损坏（减振器螺旋弹簧）(Fr)
☐	☐	检查是否损坏（减振器螺旋弹簧）(Rr)
☐	☐	检查是否损坏（下臂）
☐	☐	
☐	☐	检查减振器损坏 (Fr)
☐	☐	检查减振器损坏 (Rr)
☐	☐	检查减振器的机油泄漏 (Fr)
☐	☐	检查减振器的机油泄漏 (Rr)

	发动机油滤清器
☐	更换发动机机油滤清器

	发动机油排放塞
☐	安装排放塞
☐	更换排放垫片

	传动皮带
☐	检查是否变形
☐	检查是否损坏（磨损、裂纹、脱层或其他损坏）
☐	检查安装状况

[顶起位置 4]

底盘

LH		RH		
Fr	Rr	Fr	Rr	**车轮轴承**
□	□	□	□	检查有无摆动
□	□	□	□	检查转动状况和噪声
□	□	□	□	拆卸车轮
				轮胎
□	□	□	□	检查是否有裂纹和损坏
□	□	□	□	检查是否嵌入金属碎片和异物
□	□	□	□	测量胎面沟槽深度
□	□	□	□	检查轮胎异常磨损
□	□	□	□	测量轮胎气压
□	□	□	□	检查轮胎漏气
□	□	□	□	检查钢轮损坏或腐蚀
				盘式制动器
□	□	□	□	测量制动器摩擦片厚度（外侧）
□	□	□	□	目视检查制动器摩擦片厚度（内侧）
□	□	□	□	检查制动器摩擦片的不均匀磨损
□	□	□	□	（更换制动器摩擦片）
□	□	□	□	检查盘式转子盘磨损和损坏
□	□	□	□	（盘式转子盘厚度和跳动量检查）
□	□	□	□	检查从制动卡钳的制动液泄漏

[顶起位置 5]

驾驶员座椅

☐ 检查制动踏板和手制动杆

（拖滞检查准备工作）

LH		RH	
Fr	Rr	Fr	Rr
☐	☐	☐	☐

每个轮胎位置

检查制动器拖滞

发动机室

☐ 检查制动液（补充）

[顶起位置 6]

LH		RH	
Fr	Rr	Fr	Rr
☐	☐	☐	☐
☐	☐	☐	☐

每个轮胎位置

制动管路放空气

车轮临时安装

[顶起位置 7]

发动机启动前

驻车制动器和车轮挡块

☐ 使用驻车制动器并放置车轮挡块

发动机油

☐ 加注发动机油

散热器盖

☐ 测量阀门开启压力

☐ 检查真空阀工作情况

☐ 检查橡胶密封件裂纹和其他损坏

火花塞

☐ 更换

☐ （检查）

☐ （火花塞间隙调整）

蓄电池

☐ 检查电解液液位

☐ 检查蓄电池盒是否损坏

☐ 检查蓄电池端子是否腐蚀

☐ 检查蓄电池端子导线是否松动

☐ 检查通风孔塞是否损坏

☐ 检查通风孔是否堵塞

制动液

☐ 检查总泵内液面（贮液罐）

☐ 检查总泵是否有液体泄漏

制动管路

☐ 检查液体是否泄漏

☐ 检查制动器管和软管是否有裂纹和损坏

☐ 检查制动器软管和管的安装状况

空气滤清器芯

☐ 更换

☐ （检查）

活性炭罐

- [ ] 检查是否损坏
- [ ] 检查止回阀的工作情况

前减振器的上支承

- [ ] 检查前减振器上支承是否松动

喷洗液

- [ ] 检查液位

启动发动机和发动机暖机期间

LH	RH	轮毂螺母的再紧固
☐	☐	旋紧车轮 (Fr)
☐	☐	旋紧车轮 (Rr)

PCV 系统

- [ ] 检查 PCV 阀的工作情况
- [ ] 检查软管是否裂纹和损坏

发动机冷却液

- [ ] 检查是否从散热器泄漏
- [ ] 检查橡胶软管是否泄漏
- [ ] 检查软管夹周围是否泄漏
- [ ] 检查散热器盖是否泄漏
- [ ] 检查橡胶软管是否裂纹、凸器和硬化
- [ ] 检查橡胶软管连接是否松动
- [ ] 检查夹箍安装是否松动

发动机暖机后（并运转）

自动传动桥液

☐ 检查液位

空调

☐ 检查空调制冷剂量

发动机停机后

发动机油

☐ 检查发动机油位

空调

☐ 检查空调制冷剂泄漏

发动机冷却液

☐ 检查冷却液液位（储液罐）

[顶起位置 8]

☐ 最终检查

☐ 发动机机油泄漏

☐ 制动器液泄漏

☐ 更换零件等的安装状况

[顶起位置 9]

☐ 恢复/清洁

☐ 拆卸翼子板布和前格栅布

☐ 清洁车身、车身内部、烟灰缸等

参考文献

[1] 魏领军，谢成嗣.汽车维护与保养[M].上海：上海交通大学出版社，2014.

[2] 姜龙青，罗新闻.汽车维护与保养一体化教材[M].北京：机械工业出版社，2012.